# Rationale Zahlen

Die **Bruchzahlen** und ihre Gegenzahlen bilden zusammen die **Menge der rationalen Zahlen**. Jede rationale Zahl lässt sich als Quotient zweier ganzer Zahlen auffassen:

$\frac{a}{b} = a : b$ für $a, b \in \mathbb{Z}; b \neq 0$ (a, b sind Elemente aus $\mathbb{Z}$; b darf nicht 0 sein)

Die Menge der rationalen Zahlen wird mit $\mathbb{Q}$ bezeichnet und erweitert die bisher bekannten Zahlenräume $\mathbb{N}$ und $\mathbb{Z}$.

Menge der natürlichen Zahlen: $\mathbb{N}_0 = \{0; 1; 2; 3 ...\}$
Menge der ganzen Zahlen: $\mathbb{Z} = \{... -5; -4; -3; -2; -1; 0; 1; 2 ...\}$

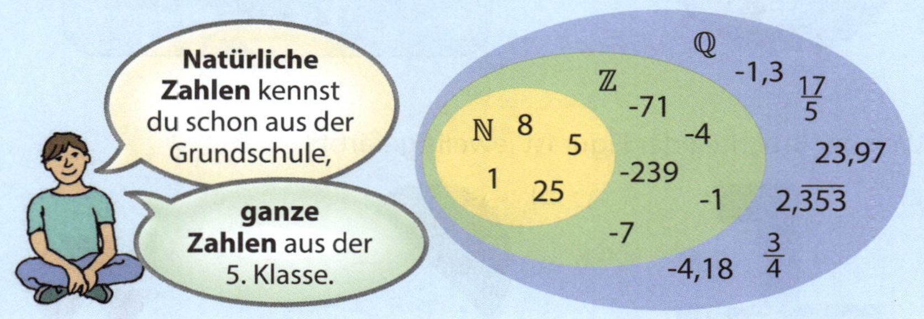


## Bruchteile und ihre Darstellung

Bruchteile von Ganzen lassen sich mit Hilfe von Brüchen darstellen. Der Nenner des Bruchs gibt an, in wie viele gleiche Teile das Ganze geteilt wurde. Der Zähler gibt an, wie viele dieser Teile man nimmt.

| | | |
|---|---|---|
| Zähler | Z | (≙ Anzahl der Bruchteile) |
| Bruchstrich | — | (steht für „von" oder geteilt) |
| Nenner | N | (≙ Anzahl der Teile, in die das Ganze zerlegt wurde) |

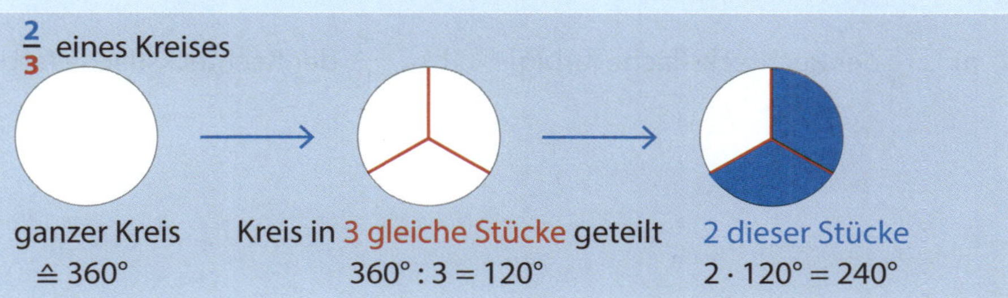

**1** Lea feiert zusammen mit ihren Eltern und ihrem Bruder Tim ihren 12. Geburtstag. Sie möchte nachmittags einen Erdbeerkuchen und abends selbstgemachte Pizza essen.

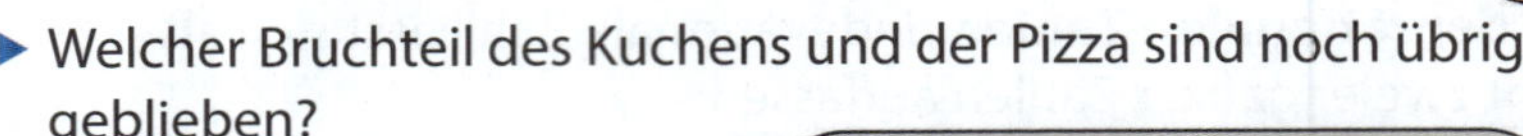

▶ Welcher Bruchteil des Kuchens und der Pizza sind noch übrig geblieben?

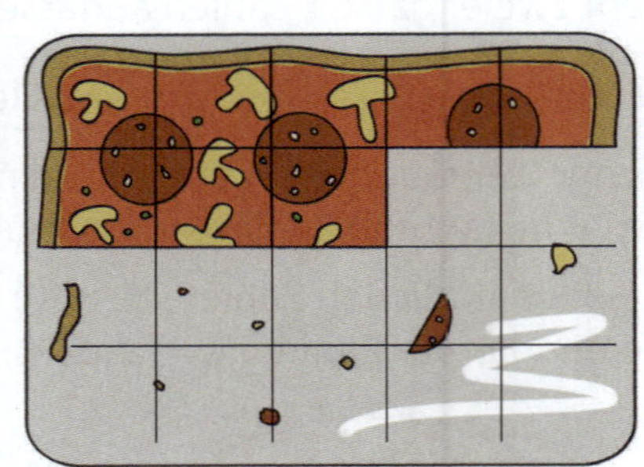

**2** Welcher Bruchteil der Figur ist jeweils gefärbt?

a) 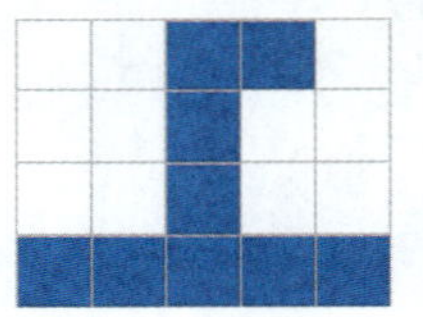 $\frac{\phantom{0}}{20}$

b)  ___

c)  ___

d) 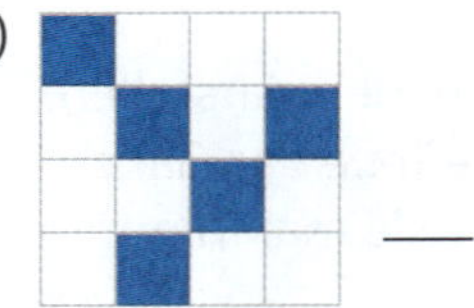 ___

e) 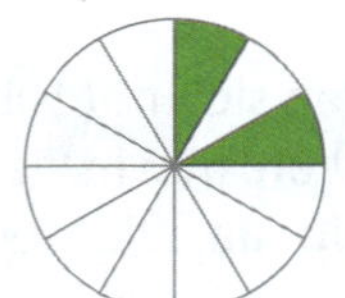 ___

f) 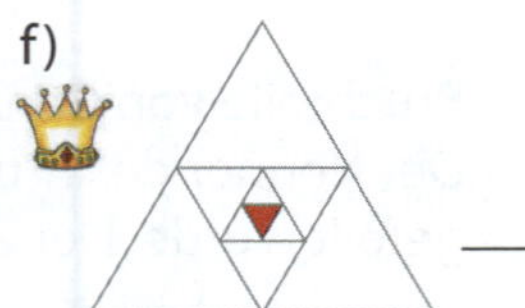 ___

**3** Markiere ...

a) ... $\frac{1}{6}$ der Rechtecksfläche farbig.

b) ... $\frac{5}{12}$ der Rechtecksfläche farbig.

**4** Markiere in den Kreisen die folgenden Bruchteile. Berechne zunächst die dazugehörigen Winkel (siehe Seite 1).

a) $\frac{1}{2}$

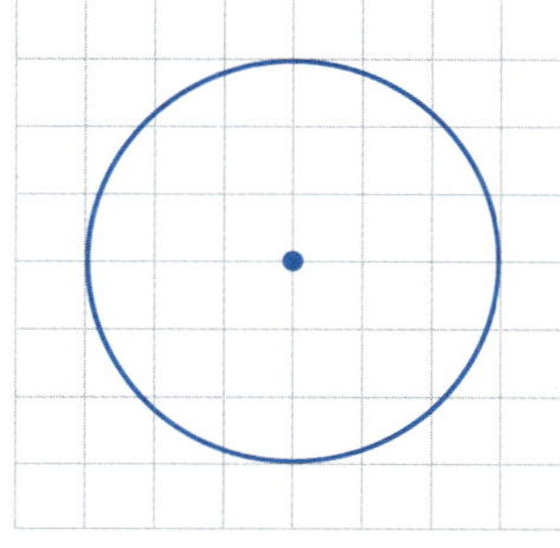

b) $\frac{2}{3}$

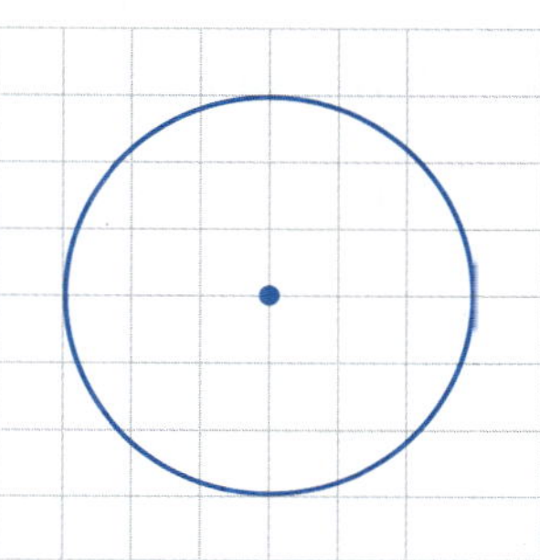

c) $\frac{5}{6}$

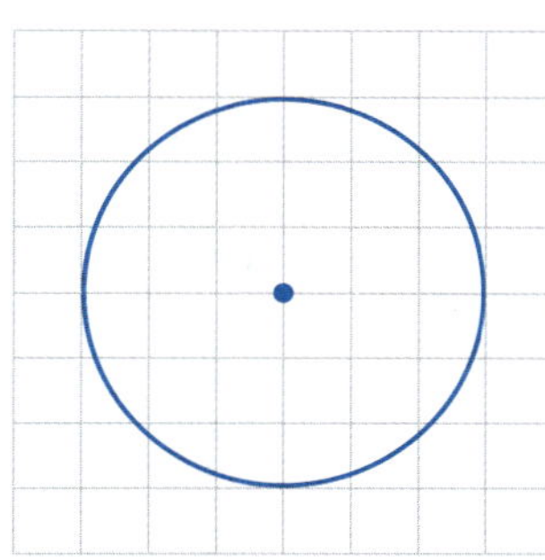

d) $\frac{3}{8}$

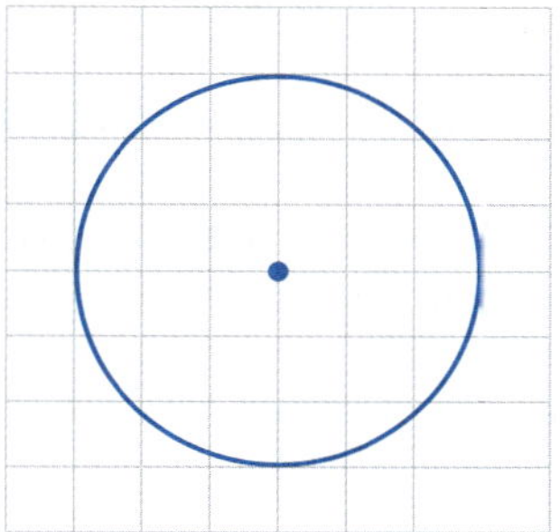

## Anteil, Bruchteil oder Ganzes berechnen

$\frac{4}{5}$ von 1 kg sind 800 g

$\frac{4}{5} \cdot 1\,\text{kg} = 800\,\text{g}$

Bruchteil → $\frac{4}{5}$; Ganzes → 1 kg; Anteil → 800 g

$\frac{4}{5}$ kg Fleisch ⇒ $\frac{4}{5}$ von 1 kg Fleisch:

Teile 1 kg Fleisch in 5 gleich große Teile.

→ 1 kg : 5 = 1000 g : 5 = 200 g

Nimm 4 dieser Teile.

→ 4 · 200 g = 800 g

⇒ $\mathbf{\frac{4}{5}}$ **kg = 800 g**

**5** Berechne jeweils die Anteile und gib das Ergebnis in der nächstkleineren Einheit an:

a) $\frac{5}{6}$ h von 1h = (1 h : 6) · 5 = (60 min : 6) · 5 = 10 min · 5 = **50 min**

b) $\frac{4}{7}$ von 4,9 m = ______________________________

c) $\frac{3}{8}$ kg von 1 kg = ______________________________

d) $\frac{13}{25}$ von 5 € = ______________________________

e) $\frac{5}{16}$ von 6,4 cm= ______________________________

**6** Die gezeichnete Strecke ist 1 dm lang.

a) Berechne die Länge der Strecke, die nur $\frac{3}{20}$ von 1 dm lang ist und zeichne sie darunter.

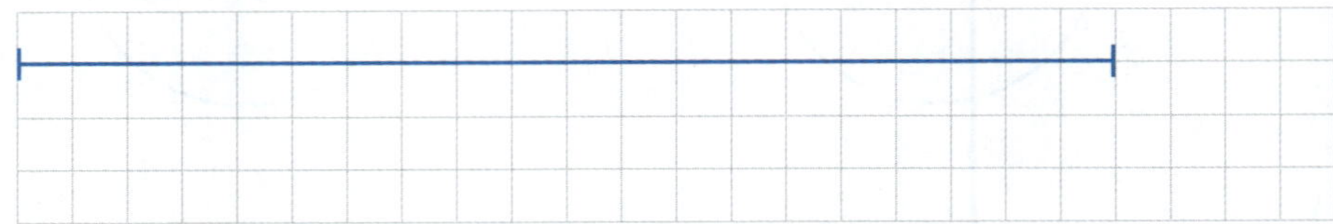

b) Welchen Bruchteil der 1 dm langen Strecke macht diese Strecke aus?

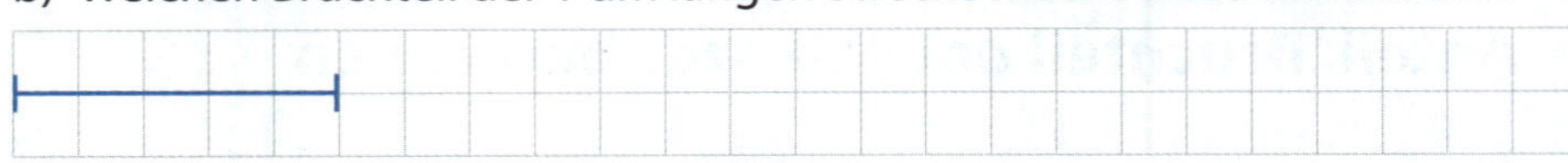

**7** Tim und sein Papa fahren zu einem Fußballspiel. Unterwegs will Papa noch tanken. Die Zapfsäule zeigt an, dass Papa insgesamt 45 Liter Benzin getankt hat. Jetzt ist der Tank ganz voll.

a) Welchem Bruchteil des ganzen Tanks entsprechen die getankten 45 l? Sieh dir dazu das Bild genau an.

b) Wie viel Liter Benzin passen insgesamt in den Tank?

**8** Lea und Tim wollen einen Liter Apfelsaftschorle im Verhältnis 1 : 4 mischen. Das bedeutet, dass sie 4-mal so viel Mineralwasser wie Apfelsaft dazu verwenden.

▶ Berechne, wie viel Mineralwasser und wie viel Apfelsaft sie benötigen.

**9** Lea hat in ihrer Stiftebox insgesamt 36 Stifte.
Davon sind $\frac{1}{18}$ Bleistifte, $\frac{2}{3}$ Buntstifte und der Rest Fineliner.

a) Berechne die Anzahl der jeweiligen Stifte:
______ Bleistifte, ______ Buntstifte, ______ Fineliner

b) Welchem Bruchteil aller Stifte entsprechen die Fineliner?

**10** Leas und Tims Opa schenkt seinen 5 Kindern zu gleichen Teilen eine große Menge Geld. Der Papa von Lea und Tim zahlt seinen Anteil auf das Konto von Lea und Tim ein. Diese erhalten jeweils 576 €.

a) Berechne, wie viel Geld der Opa insgesamt verschenkt hat.

b) Welchen Bruchteil des gesamten Geldes hat Tim erhalten?

**11** Leas und Tims Papa verdient im Monat 4800 € brutto. Zunächst muss er davon Steuern und Sozialabgaben bezahlen. Dies sind insgesamt $\frac{3}{8}$ seines Bruttoeinkommens. Für Miete und andere feste Kosten wie Versicherungen, Strom, Telefon ... gibt er monatlich 2000 € aus.

▶ Lea sagt: „Dann bleibt von deinem Gehalt genau $\frac{1}{4}$ für alle anderen Ausgaben übrig."
Überprüfe, ob Lea Recht hat.

Der Begriff **brutto** bezeichnet in der Regel eine zusammengesetzte Größe, die um einen bestimmten Teil vermindert wird. Diese verminderte Größe nennt man **netto**.

# Echte und unechte Brüche – gemischte Schreibweise

Brüche, bei denen der Zähler kleiner ist als der Nenner, nennt man **echte** Brüche: $\frac{1}{2}$, $\frac{3}{5}$, $\frac{7}{11}$ ...

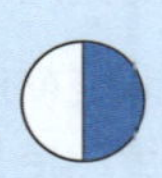

Brüche, bei denen der Zähler größer oder gleich dem Nenner ist, nennt man **unechte Brüche**: $\frac{3}{2}$, $\frac{7}{6}$, $\frac{13}{8}$, $\frac{5}{5}$ ...

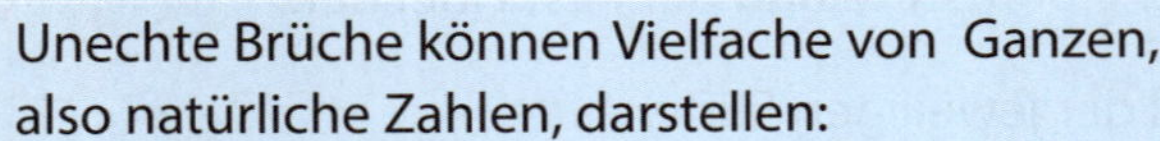

Unechte Brüche können Vielfache von Ganzen, also natürliche Zahlen, darstellen:

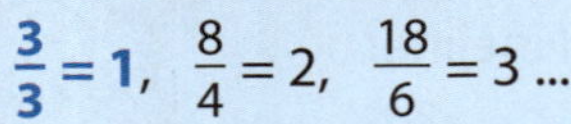

$\frac{3}{3} = 1$, $\frac{8}{4} = 2$, $\frac{18}{6} = 3$ ...

Ist der Zähler kein Vielfaches vom Nenner, so lässt sich der Bruch in der **gemischten Schreibweise** darstellen:
$\frac{5}{3} = 1\frac{2}{3}$, $\frac{17}{5} = 3\frac{2}{5}$ ...

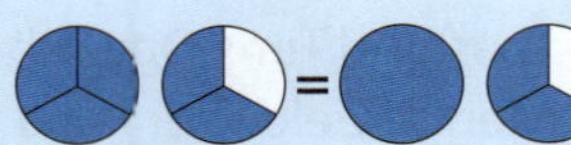

Den Quotienten z : n zweier natürlicher Zahlen kann man auch als Bruch $\frac{z}{n}$ $(n \neq 0)$ darstellen: $10 : 3 = \frac{10}{3} = 3\frac{1}{3}$

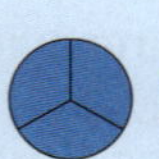
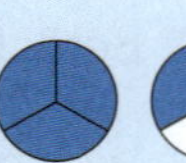
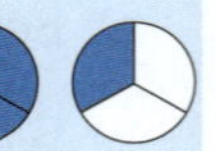

**12** Gib die gefärbten Bruchteile jeweils als unechten Bruch und in der gemischten Schreibweise an.

| | unechter Bruch | | gemischte Zahl |
|---|---|---|---|
| a) 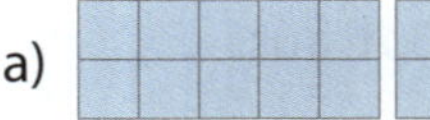 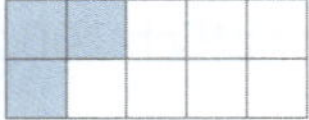 |  ______ | = |  ______ |
| b)  | 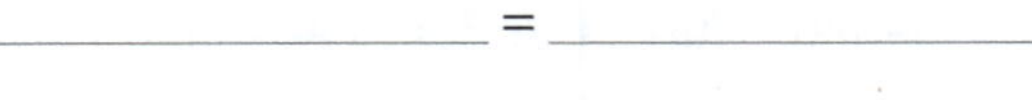 ______ | = | ______ |
| c)  | ______ | = |  ______ |
|  d)  |  ______ | = | ______ |

**13** Wandle die Angaben bzw. die Quotienten jeweils entweder in einen unechten Bruch oder in die gemischte Schreibweise um.

$\frac{17}{5} = 17 : 5 = 3$ Rest $2 \quad \Rightarrow \mathbf{\frac{17}{5} = 3\frac{2}{5}}$

$10\frac{2}{9} = \frac{10 \cdot 9 + 2}{9} = \frac{90 + 2}{9} = \frac{92}{9} \quad \Rightarrow \mathbf{10\frac{2}{9} = \frac{92}{9}}$

| | | | | |
|---|---|---|---|---|
| $\mathbf{\frac{17}{5} = 3\frac{2}{5}}$ | $2\frac{2}{8} =$ | $\frac{8}{3} =$ | $5\frac{1}{4} =$ | $\frac{25}{7} =$ |
| $\mathbf{10\frac{2}{9} = \frac{92}{9}}$ | $1\frac{7}{11} =$ | $\frac{38}{6} =$ | $4\frac{16}{17} =$ | $\frac{101}{2} =$ |

## Erweitern und kürzen – wertgleiche Brüche

Durch Erweitern oder Kürzen können sich **Brüche verändern**.
Ihr **Wert** bleibt dabei gleich: $\frac{8}{12} = \frac{2}{3} = \frac{6}{9}$
Deswegen nennt man sie auch **wertgleiche Brüche**.

Erweitert man einen Bruch, so multipliziert man Zähler **und** Nenner mit der gleichen Zahl (nicht 0 oder 1).

Die Einteilung des Ganzen wird verfeinert: $\frac{3}{5} = \frac{3 \cdot 2}{5 \cdot 2} = \frac{6}{10}$

Kürzt man einen Bruch, so dividiert man Zähler **und** Nenner durch die gleiche Zahl (nicht 0 oder 1).
Die Einteilung des Ganzen wird vergröbert: $\frac{6}{10} = \frac{6 : 2}{10 : 2} = \frac{3}{5}$

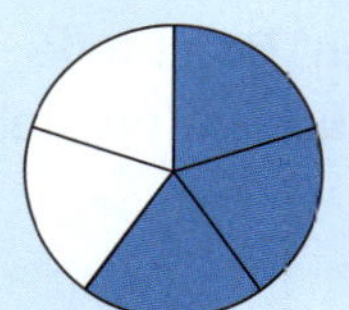

Verfeinerung (**Erweitern**) →

← Vergröberung (**Kürzen**)

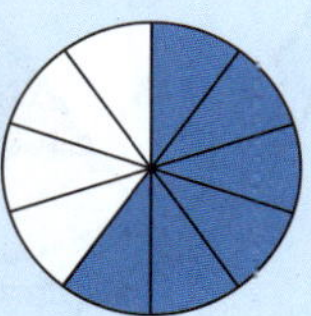

**14** In den folgenden Bildern sind jeweils die gleichen Bruchteile gefärbt.

▶ Schreibe jeweils die wertgleichen passenden Brüche in die Kästchen darunter.

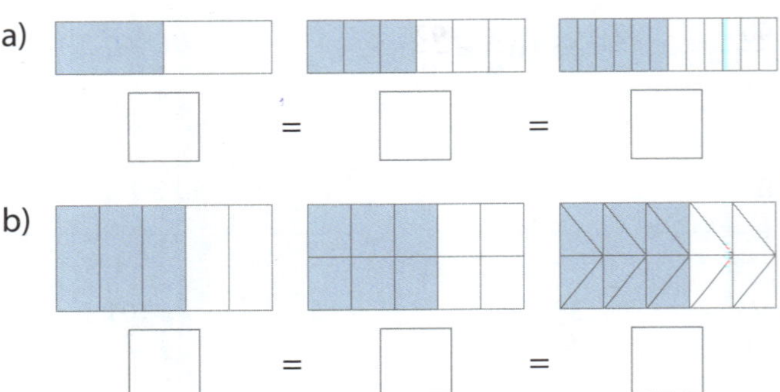


**15** Markiere folgende Bruchteile wie in Aufgabe **14**:

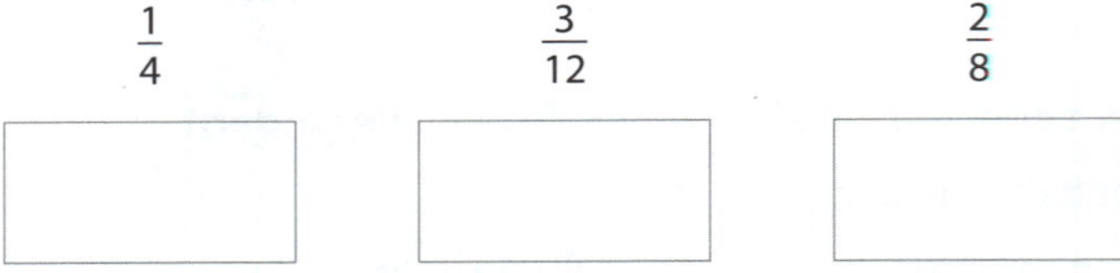


**16** Von Tims Geburtstagskuchen sind am Ende des Tages noch $\frac{3}{5}$ übrig.

a) Diesen Rest wollen sich Tim, Lea, ihre Eltern und Oma und Opa gleichmäßig aufteilen. Zeichne ein, wie die drei übrigen Stücke gerecht aufgeteilt werden müssen.

b) Welche „neuen" Bruchteile des ganzen Kuchens entstehen dadurch?

**17** Fülle die Tabelle jeweils vollständig aus. Rechne auf deinem Block.

| Bruch | $\frac{3}{7}$ | $\frac{5}{9}$ | $\frac{1}{18}$ | | $\frac{4}{25}$ |
|---|---|---|---|---|---|
| erweitert mit | 2 | | 3 | 5 | 4 |
| erweiterter Bruch | $\frac{3 \cdot 2}{7 \cdot 2} = \frac{6}{14}$ | $\frac{30}{54}$ | | $\frac{35}{55}$ | |

| Bruch | $\frac{18}{27}$ | $\frac{15}{100}$ | | $\frac{25}{50}$ | |
|---|---|---|---|---|---|
| gekürzt mit | 3 | | 10 | 25 | 17 |
| gekürzter Bruch | $\frac{18 : 3}{27 : 3} = \frac{6}{9}$ | $\frac{3}{20}$ | $\frac{2}{13}$ | | $\frac{1}{4}$ |

**18** Kürze die folgenden Brüche jeweils so weit wie möglich, d. h., bis Zähler und Nenner keinen gemeinsamen Teiler mehr haben.

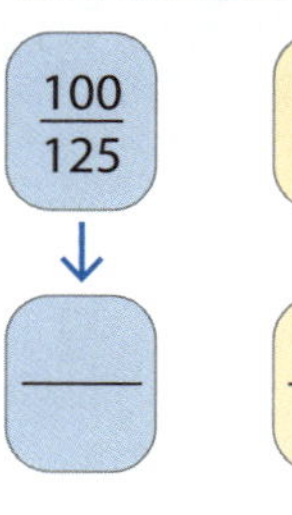

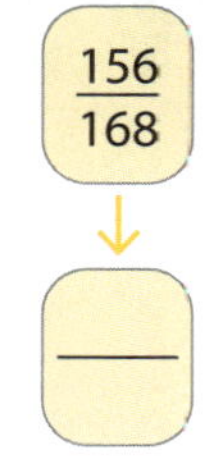

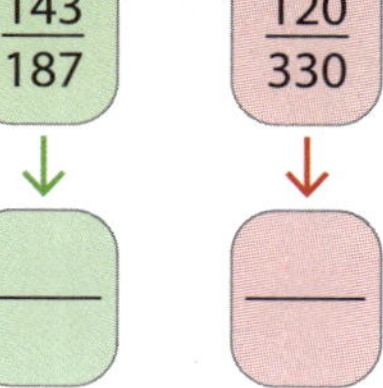

$\frac{100}{125} \rightarrow$ ___ $\qquad \frac{156}{168} \rightarrow$ ___ $\qquad \frac{143}{187} \rightarrow$ ___ $\qquad \frac{120}{330} \rightarrow$ ___

Tipp: Überlege dir, welche Teilbarkeitsregeln es gibt.

**19** Gib alle Brüche mit dem Nenner 20 und einem Zähler kleiner als 20 an, die ...

a) ... sich nicht mehr kürzen lassen: ______________________

b) ... kleiner als $\frac{1}{4}$ sind: ______________________

c) ... eine Primzahl als Zähler haben: ______________________

d) ... sich mit 4 kürzen lassen: ______________________

**20** Fülle die Lücken korrekt aus. Erweitere oder kürze passend.

a) $\frac{12}{32} = \frac{\phantom{00}}{96} = \frac{3}{\phantom{00}} = \frac{\phantom{00}}{168}$

b) $\frac{\phantom{00}}{100} = \frac{16}{\phantom{00}} = \frac{\phantom{00}}{125} = \frac{8}{25}$

c) $\frac{1}{\phantom{00}} = \frac{\phantom{00}}{21} = \frac{15}{105} = \frac{5}{\phantom{00}} = \frac{\phantom{00}}{42}$

## Prozentschreibweise bei Brüchen

Im Alltag findest du oft Prozentangaben. „Rabatt" bedeutet zum Beispiel, dass etwas um einen bestimmten Anteil billiger verkauft wird. Prozent (%) bedeutet dabei **von Hundert**. Sollst du einen Bruch in Prozent umwandeln, so musst du den Bruch durch Erweitern oder Kürzen auf Hundertstel (Nenner 100) bringen.

$\frac{3}{4} = \frac{3 \cdot 25}{4 \cdot 25} = \frac{75}{100} = 75\,\%$ **oder umgekehrt** $30\,\% = \frac{30}{100} = \frac{30:10}{100:10} = \frac{3}{10}$

**21** Vervollständige die Tabelle.

| Prozent | 10 % | | | 50 % |
|---|---|---|---|---|
| vollständig gekürzter Bruch | $\frac{10}{100} = \frac{\phantom{00}}{\phantom{00}}$ | $\frac{\phantom{00}}{100} = \frac{1}{4}$ | $\frac{\phantom{00}}{\phantom{00}} = \frac{3}{10}$ | $\frac{\phantom{00}}{\phantom{00}} = \frac{\phantom{00}}{\phantom{00}}$ |

| Prozent | 60 % | | | 90 % | |
|---|---|---|---|---|---|
| vollständig gekürzter Bruch | $\frac{\phantom{00}}{\phantom{00}} = \frac{\phantom{00}}{\phantom{00}}$ | $\frac{\phantom{00}}{\phantom{00}} = \frac{3}{4}$ | $\frac{\phantom{00}}{\phantom{00}} = \frac{4}{5}$ | $\frac{\phantom{00}}{\phantom{00}} = \frac{\phantom{00}}{\phantom{00}}$ | $\frac{\phantom{00}}{\phantom{00}} = \frac{1}{1}$ |

**22** Gib die farbig markierten Bruchteile als Bruch und in Prozent an.

a)  ____________

b) 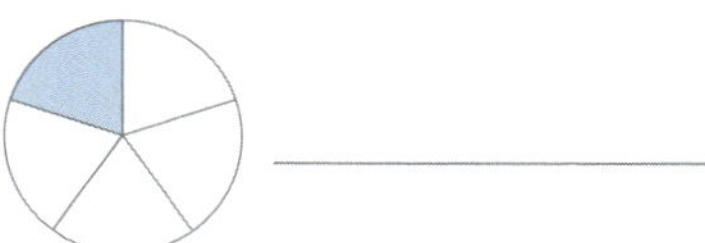 ____________

c)  ____________

d) 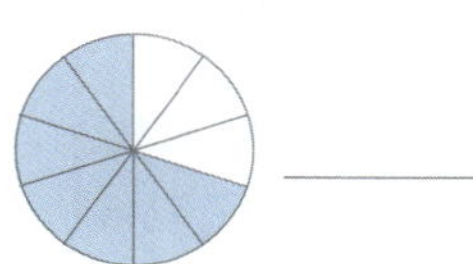 ____________

e) 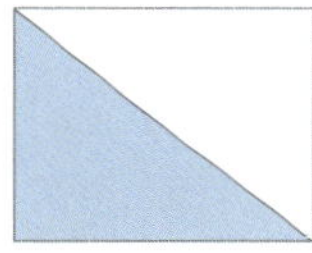 ____________

f) 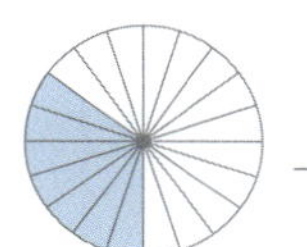 ____________

**23** Berechne die Anteile.

a) 20 % von 150 € = $\frac{20}{100}$ von 150 € = $\frac{1}{5}$ von150 € = (150 € : 5) · 1 = **30 €**

b) 70 % von 3 kg = ____________

c) 55 % von 10 dm = ____________

d) 60 % von 3 h = ____________

**24** Tim bekommt ein neues Fahrrad. Papa zahlt beim Kauf 40 % des Kaufpreises sofort, das sind 150 €. Den Rest muss er erst einen Monat später bezahlen.

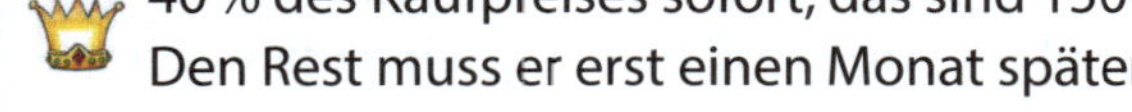

a) Welchen Bruchteil des Gesamtpreises muss er im nächsten Monat bezahlen?

a) Wie viel hat das Fahrrad gekostet?

**25** Trage die Lösungen in das Kreuzzahlrätsel ein. (Eine Ziffer pro Kästchen!)

Beispiel senkrecht:

(1) $9^2 = \mathbf{81}$

| | | | | |
|---|---|---|---|---|
| (1) **8** | (2) | ■ | (3) | (4) |
| **1** | ■ | (5) | ■ | |
| ■ | (6) | | | ■ |
| (7) | ■ | | ■ | (8) |
| (9) | | ■ | (10) | |

**waagrecht**

(1) $\frac{17}{20} =$ ___ %

(3) $\frac{4}{3} = \frac{\phantom{00}}{12}$

(6) $\frac{7}{18}$ von 324 g = ___ g

(9) $\frac{1}{2} = \frac{\phantom{000}}{118}$

(10) kleinste 2-stellige Primzahl

**senkrecht**

(2) $\frac{1}{25}$ von 125 h = ___ h

(4) $\frac{7}{8}$ von ___ ml = 56 ml

(5) $\frac{2}{9}$ von 999 € = ___ €

(7) $\frac{7}{\phantom{00}} = 20\,\%$

(8) $10\,\frac{1}{7} = \frac{\phantom{00}}{7}$

## Bruchzahlen auf der Zahlengeraden

Bruchzahlen kann man auf einer Zahlengeraden einem Punkt zuordnen.

Zu einer Bruchzahl (vollständig gekürzte Form) gehören unendlich viele wertgleiche Brüche:

$\frac{1}{2} = \frac{2}{4} = \frac{4}{8} = \frac{6}{12} = \frac{25}{50} = \ldots$

Es gibt auch negative Bruchzahlen:

$-\frac{1}{2}; -\frac{2}{3}; -\frac{5}{8}; -1\frac{1}{4}$; usw.

Zwischen einer Bruchzahl und ihrer Gegenzahl liegen unendlich viele Bruchzahlen. Eine **Bruchzahl** und ihre **Gegenzahl** sind **gleich weit von der Zahl 0 entfernt**. Ihr Betrag ist gleich.

Zwischen $-\frac{1}{3}$ und $\frac{1}{3}$ liegen die Bruchzahlen $-\frac{1}{4}, \frac{1}{4}, -\frac{1}{5}, \frac{1}{5}, -\frac{2}{7}, \frac{2}{7}$ usw.

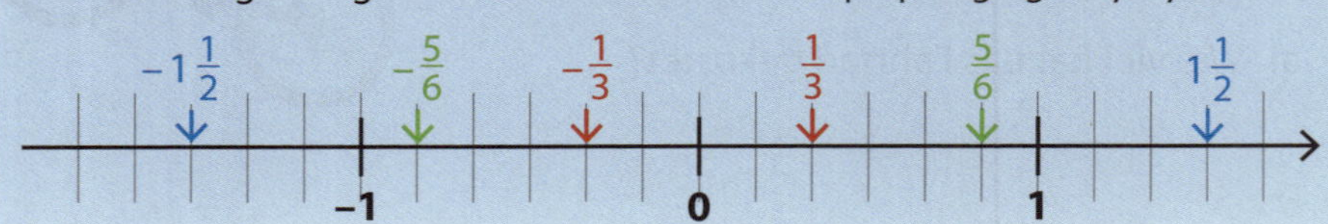

**26** Gib jeweils an, auf welche Bruchzahlen die Pfeile zeigen.
Gib jede der Bruchzahlen als zwei verschiedene wertgleiche Brüche an.

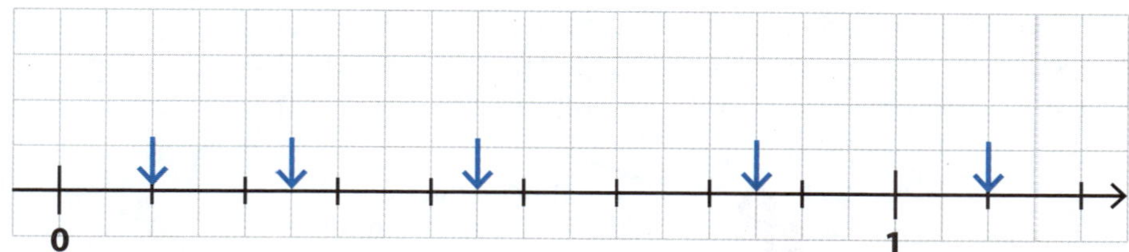


**27** Zeichne auf der Zahlengeraden jeweils die Gegenzahlen der angegebenen Zahlen ein.

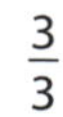

$\frac{3}{3}$ $\quad -\frac{1}{2}$ $\quad 50\,\%$ $\quad -\frac{7}{6}$ $\quad 25\,\%$ $\quad 1\frac{7}{12}$ $\quad -1\frac{1}{2}$ $\quad -\frac{5}{6}$

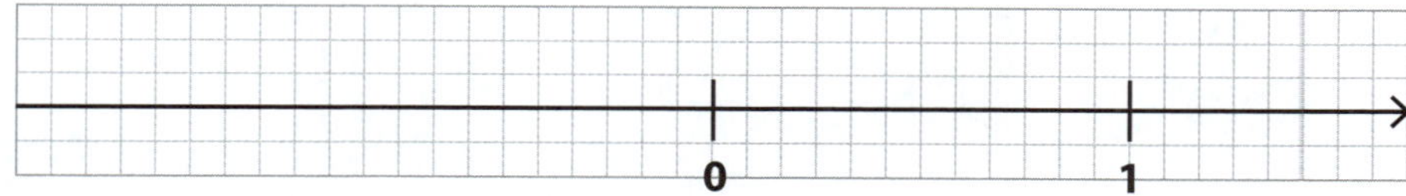


**28** Gib zehn **wertverschiedene** Bruchzahlen an, die auf der Zahlengerade zwischen den Bruchzahlen $-\frac{1}{2}$ und $\frac{7}{8}$ liegen.

______________________________________________

______________________________________________

**29** Gib jeweils an, zwischen welchen beiden benachbarten ganzen Zahlen die Bruchzahlen liegen.

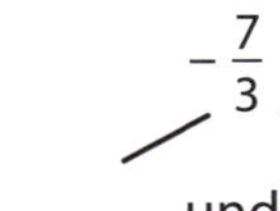

| $-\frac{7}{3}$ | $\frac{99}{8}$ | $-5\frac{2}{9}$ | $\frac{119}{20}$ |
| --- | --- | --- | --- |
| ____ und ____ | ____ und ____ | ____ und ____ | ____ und ____ |

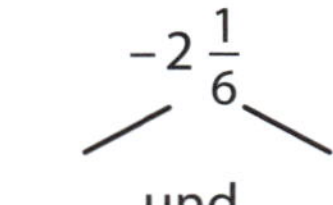

| $-2\frac{1}{6}$ | $-\frac{23}{17}$ | $-8\frac{5}{7}$ | $\frac{33}{15}$ |
| --- | --- | --- | --- |
| ____ und ____ | ____ und ____ | ____ und ____ | ____ und ____ |

# Vergleichen und anordnen von Bruchzahlen

Bruchzahlen kann man miteinander vergleichen, indem man sie durch Kürzen oder Erweitern auf den gleichen Zähler oder Nenner bringt.
→ **gleicher Nenner**: Der Bruch mit dem größeren Zähler ist größer.

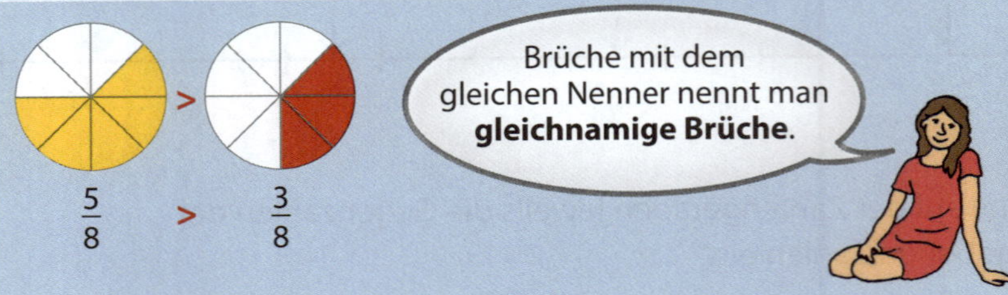


$\frac{5}{8} > \frac{3}{8}$

→ **gleicher Zähler**: Der Bruch mit dem kleineren Nenner ist größer.

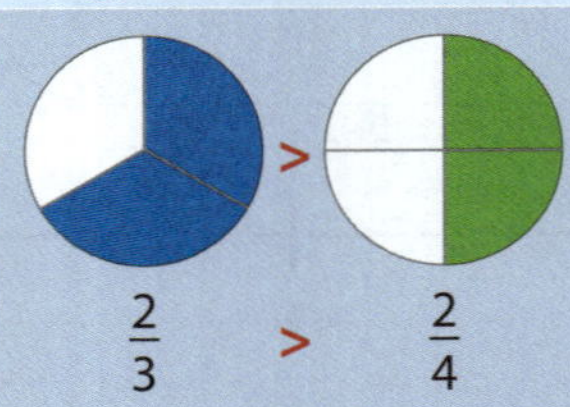


$\frac{2}{3} > \frac{2}{4}$

Als gemeinsamen Nenner (oder auch Zähler) wählt man die kleinste Zahl, die durch alle Nenner (oder Zähler) teilbar ist. Diese Zahl nennt man das **kleinste gemeinsame Vielfache** (kgV) der Zahlen.

kgV(2, 3, 6) = **6** ⇒ V(2) = 2, 4, **6**, 8, 10, 12 ...
V(3) = 3, **6**, 9, 12, 18 ...
V(6) = **6**, 12, 18, 24 ...

**30** a) Bilde das kgV der Zahlen 3, 5 und 6.

V(3) = ______________________

V(5) = ______________________ ⇒ kgV(3, 5, 6) = ____________

V(6) = ______________________

b) Bilde das kgV der Zahlen 7, 4 und 3. ⇒ kgV(3, 4, 7) = ____________

**31** Welcher Bruch ist größer? Erweitere zunächst sinnvoll.
Setze für den Platzhalter >, < oder = ein.

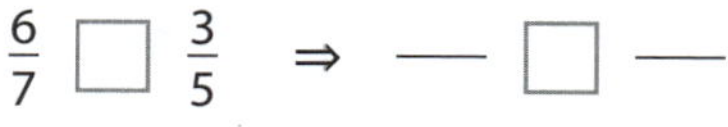

$\frac{6}{7} \square \frac{3}{5} \Rightarrow \frac{\quad}{\quad} \square \frac{\quad}{\quad}$ $\qquad$ $\frac{5}{11} \square \frac{12}{22} \Rightarrow \frac{\quad}{\quad} \square \frac{\quad}{\quad}$

$\frac{4}{9} \square \frac{8}{17} \Rightarrow \frac{\quad}{\quad} \square \frac{\quad}{\quad}$ $\qquad$ $\frac{20}{32} \square \frac{3}{8} \Rightarrow \frac{\quad}{\quad} \square \frac{\quad}{\quad}$

**32** Sortiere die Bruchzahlen (Prozentzahl) ihrer Größe nach. Beginne dabei mit der kleinsten Bruchzahl. Tipp: Mache die Brüche zunächst gleichnamig.

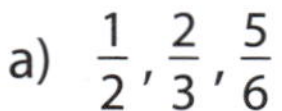

a) $\frac{1}{2}, \frac{2}{3}, \frac{5}{6}$ ____________________

b) $\frac{3}{8}, \frac{5}{16}, \frac{7}{24}$ ____________________

c) $\frac{3}{25}$, 16 %, $\frac{1}{10}$ ____________________

**33** Gib alle Bruchzahlen mit dem Nenner 6 an, die zwischen den Bruchzahlen $\frac{3}{10}$ und $\frac{3}{5}$ liegen.

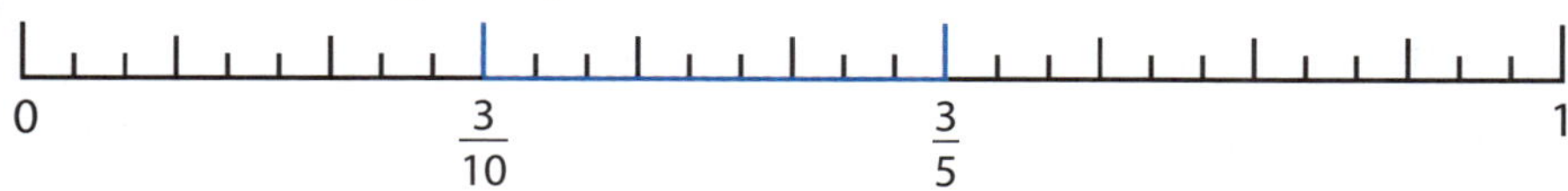


**34** Bilde das Lösungswort, indem du alle Bruchzahlen der Größe nach ordnest. Beginne dabei mit der kleinsten. Rechne auf deinem Block. Finde zunächst die kleinste und die größte Zahl. Bestimme nun die zweitgrößte Zahl. Anschließend hilft dir die Suche nach einem gleichen Nenner.

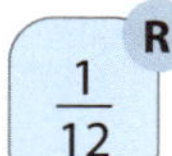

R: $\frac{1}{12}$ C: $\frac{2}{8}$ U: $\frac{1}{6}$ B: $\frac{2}{97}$ Z: $\frac{1}{2}$

H: $\frac{13}{48}$ H: $\frac{46}{47}$ L: $\frac{21}{19}$ A: $\frac{3}{4}$

Lösung: __ __ __ __ __ __ __ __ __

**35** Alle 6. Klassen von Leas Schule schreiben eine gemeinsame Schulaufgabe. Die Notenverteilung bei den Klassen sieht so aus:

| 6 A | |
|---|---|
| Note 1 | 3 |
| Note 2 | 6 |
| Note 3 | 4 |
| Note 4 | 6 |
| Note 5 | 3 |
| Note 6 | 1 |

| 6 B | |
|---|---|
| Note 1 | 2 |
| Note 2 | 8 |
| Note 3 | 6 |
| Note 4 | 4 |
| Note 5 | 1 |
| Note 6 | 3 |

| 6 C | |
|---|---|
| Note 1 | 6 |
| Note 2 | 3 |
| Note 3 | 9 |
| Note 4 | 8 |
| Note 5 | 2 |
| Note 6 | 2 |

| 6 D | |
|---|---|
| Note 1 | 1 |
| Note 2 | 9 |
| Note 3 | 9 |
| Note 4 | 2 |
| Note 5 | 4 |
| Note 6 | 1 |

| 6 E | |
|---|---|
| Note 1 | 5 |
| Note 2 | 4 |
| Note 3 | 9 |
| Note 4 | 4 |
| Note 5 | 3 |
| Note 6 | 0 |

a) In welcher Klasse (oder in welchen Klassen) ist der Bruchteil an 1ern am größten?
Tipp: Ein gleicher gemeinsamer Zähler kann dir helfen.

b) In welcher Klasse ist der Bruchteil an 5ern am größten?

c) Welche Klasse ist die beste, welche die schlechteste? Berechne die Notendurchschnitte und vergleiche.

# Addition und Subtraktion von Bruchzahlen

Man addiert/subtrahiert gleichnamige Brüche, indem man nur die **Zähler addiert/subtrahiert** und den **Nenner beibehält**.

$\frac{4}{7}+\frac{2}{7}=\frac{4+2}{7}=\mathbf{\frac{6}{7}}$ $\quad\quad$ $\frac{4}{7}-\frac{2}{7}=\frac{4-2}{7}=\mathbf{\frac{2}{7}}$

Man addiert/subtrahiert **ungleichnamige Brüche**, indem man die Brüche zuerst durch Kürzen oder Erweitern **auf den gleichen Nenner bringt** und anschließend die nun gleichnamigen Brüche addiert/subtrahiert.

$\frac{2}{5}+\frac{1}{3}=\frac{6}{15}+\frac{5}{15}=\mathbf{\frac{11}{15}}$ $\quad\quad$ $\frac{2}{5}-\frac{1}{3}=\frac{6}{15}-\frac{5}{15}=\mathbf{\frac{1}{15}}$

Beim Addieren/Subtrahieren von Brüchen in **gemischter Schreibweise** kann man die Ganzen und die Brüche getrennt voneinander addieren/subtrahieren oder die gemischten Zahlen in unechte Brüche umwandeln und dann addieren/subtrahieren.

$1\frac{1}{2}+1\frac{3}{4}=(1+1)+\left(\frac{2}{4}+\frac{3}{4}\right)=2\frac{5}{4}=\mathbf{3\frac{1}{4}}$

$1\frac{1}{2}+1\frac{3}{4}=\frac{3}{2}+\frac{7}{4}=\frac{6}{4}+\frac{7}{4}=\frac{13}{4}=\mathbf{3\frac{1}{4}}$

$4\frac{1}{2}-1\frac{3}{4}=4\frac{2}{4}-1\frac{3}{4}=$

$3\frac{6}{4}-1\frac{3}{4}=\mathbf{2\frac{3}{4}}$

**36** Schreibe unter jedes Bild eine dazu passende Rechnung.

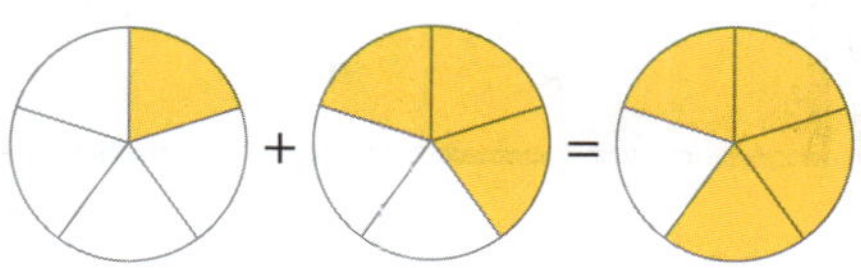

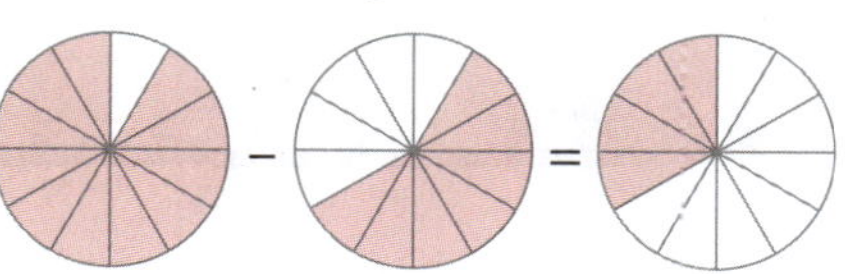

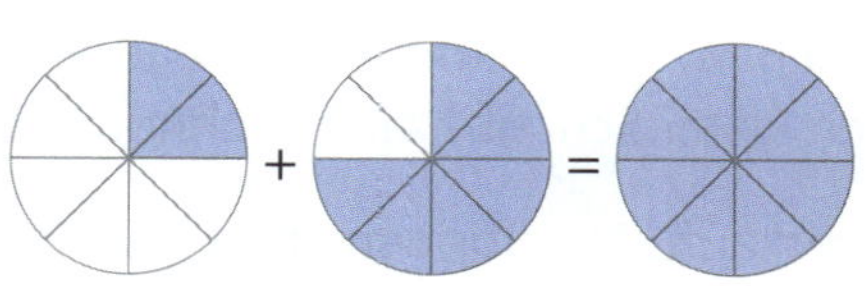

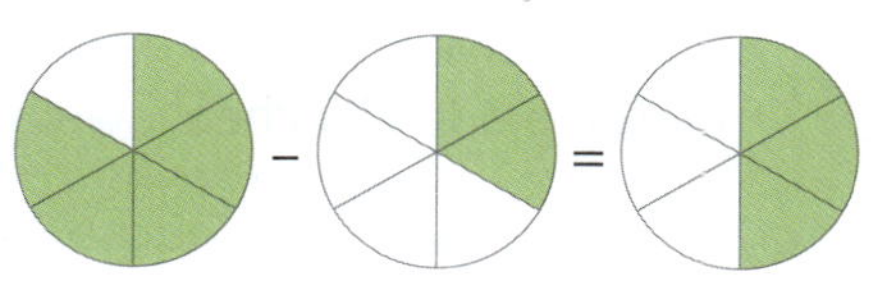

**37** Berechne und gib die Ergebnisse vollständig gekürzt an.

$\frac{5}{18} + \frac{11}{18} =$ ______

$2\frac{25}{27} - 1\frac{7}{27} =$ ______

$\frac{130}{250} + \frac{17}{25} =$ ______

$5\frac{2}{7} - 3\frac{19}{28} =$ ______

$\frac{250}{170} + \frac{13}{17} =$ ______

$3\frac{5}{8} - 1\frac{1}{16} =$ ______

$4\frac{7}{19} + 2\frac{12}{19} =$ ______

$1\frac{8}{11} - \frac{12}{33} =$ ______

**38** Eine Pizzeria backt für den Straßenverkauf die Pizzen auf gleich großen Blechen und teilt sie dann in gleich große Stücke.

a) Welcher Teil von jeder ganzen Pizza ist noch übrig?

b) Die Reste **einer** Pizza-Sorte werden jeweils auf ein Blech gelegt. Wie viele weitere Stücke Margherita bzw. Funghi (mit Pilzen) hätten auf diesen beiden Blechen jeweils noch Platz? Schreibe eine Rechnung auf.

c) Es werden weitere 7 Stücke Pizza verkauft. Alle übrigen Stücke werden nun gemeinsam auf ein Blech gelegt. Welcher Bruchteil einer ganzen Pizza ist nun insgesamt noch übrig?

**39** Ergänze die magischen Quadrate. In jeder **Zeile**, jeder **Spalte** und jeder **Diagonale** soll die Summe 1 betragen.

| | | |
|---|---|---|
| | | |
| | $\frac{1}{3}$ | |
| $\frac{3}{5}$ | $\frac{1}{15}$ | |

| | | |
|---|---|---|
| | | |
| | $\frac{1}{3}$ | $\frac{3}{11}$ |
| | | $\frac{13}{33}$ |

**40** Lea möchte zu Weihnachten einen Kinderpunsch mischen:

**Zutaten:**

$\frac{3}{5}$ l Orangensaft
$\frac{1}{3}$ l Früchtetee
$\frac{1}{6}$ l Traubensaft

**Zubereitung:**

Den Orangensaft, den Früchtetee und den Traubensaft gut miteinander vermischen.
Dann den Kinderpunsch mit Zimt, Nelken und Muskat nach Geschmack würzen.

a) Wie viel Liter Kinderpunsch erhält sie?

b) In eine Tasse passen genau 250 ml Kinderpunsch. Welcher Bruchteil ihrer Gesamtmenge befindet sich somit in jeder vollen Tasse?

**41** Tim möchte sparen, um sich ein neues Handy kaufen zu können.

„Ich brauche $\frac{1}{5}$ meines Taschengeldes für Kinobesuche, $\frac{1}{3}$ für meine laufenden Handykosten und $\frac{1}{6}$ für mein Zeitschriftenabo.
Also kann ich jeden Monat $\frac{3}{5}$ meines Taschengeldes sparen."

a) Hat Tim richtig gerechnet?

b) Tim bekommt monatlich 30 € Taschengeld.
Wie viele Monate muss Tim sparen, wenn sein Traumhandy 180 € kostet und er von seinen Eltern zum Geburtstag $\frac{5}{9}$ dazubekommt?

**42** Der Vater hilft seinem Freund Peter beim Umzug und fährt den großen LKW mit einem zulässigen Gesamtgewicht von $3\frac{1}{2}$ t.
Zuerst wird der leere LKW an der alten Wohnung mit $1\frac{3}{5}$ t beladen.
Als Nächstes muss Papa bei Peters Schwester ein paar Kisten mit Büchern und Geschirr abladen, die insgesamt eine $\frac{3}{4}$ t wiegen. Dann holt er gleich im Möbelgeschäft die neuen Sachen ab und belädt den LKW wieder mit $1\frac{1}{3}$ t. Jetzt fährt er zum Wertstoffhof und lädt dort $\frac{1}{2}$ t Müll ab. Nun fährt er in die neue Wohnung von Peter.

a) Welche Masse haben alle Sachen von Peter zusammen, die nun in der neuen Wohnung ausgeladen werden?

b) Welche Masse darf der leere LKW maximal haben, damit sein zulässiges Gesamtgewicht zu keiner Zeit während des Umzugs überschritten wird?
(Das Gewicht der mitfahrenden Personen musst du nicht extra beachten.)

**43** Trage die fehlenden Zahlen ein.

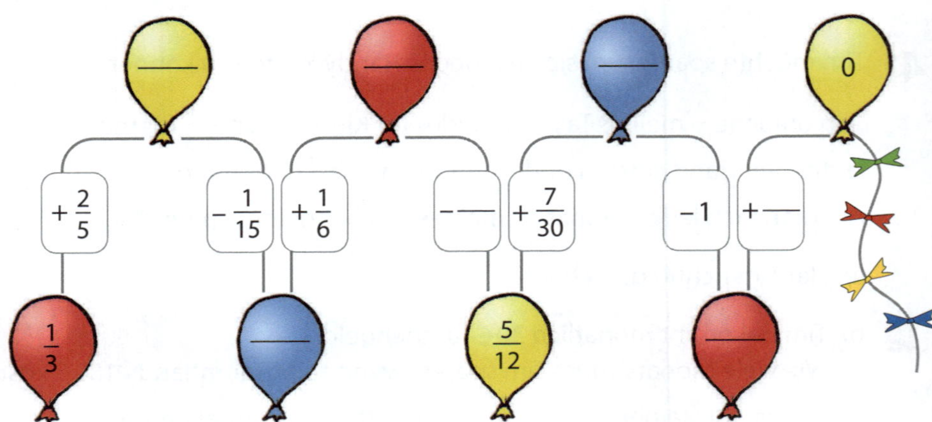

# Dezimale Schreibweise für Bruchzahlen (endliche Dezimalbrüche)

Neben der Darstellung einer Bruchzahl als Bruch gibt es auch die **dezimale Schreibweise** als Kommazahl (Dezimalzahl).
Die Stellen hinter dem Komma heißen **Dezimalen**.

1,**8** entspricht der Bruchzahl $1\frac{8}{10}$:
(Die Ziffer **8** ist die Dezimale.)

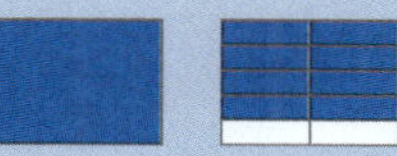

Der Wert der Dezimalzahl bleibt durch das Hinzufügen bzw. Weglassen von **Endnullen** unverändert.

1,8 = 1,8**0** = 1,8**00** ...

Zur Darstellung einer Dezimalzahl kann man eine nach rechts erweiterte Stellenwerttafel verwenden. So lässt sich die Dezimalzahl einfach als Bruch schreiben, der manchmal noch gekürzt werden kann.

| Z | E | | z | h | t | zt |
|---|---|---|---|---|---|---|
| Zehner | Einer | | Zehntel | Hundertstel | Tausendstel | Zehntausendstel |
| | 3 | , | **4** | **0** | **8** | |
| sprich: | drei | Komma | **vier** | **null** | **acht** | |

$3{,}408 = 3 + \frac{4}{10} + \frac{0}{100} + \frac{8}{1000} = 3 + \frac{400}{1000} + \frac{8}{1000} = 3\,\frac{408}{1000} = 3\,\frac{51}{125}$

**44** Gib den Stellenwert der Ziffer 9 an.

0,91 → ________ 90,1 → ________ 9,01 → ________

1,09 → ________ 1,0090 → ________ 0,00019 → ________

**45** Setze das Komma so, dass die Ziffer 7 den angegebenen Stellenwert besitzt. Ergänze dabei Nullen, wenn nötig.

(z) 2 1 7 3 (H) 2 1 7 3 (h) 1 9 7 6 5 (t) 3 4 5 6 7 8

**46** Ergänze die Tabelle: Stellenwerttafel und Dezimalzahl.

| | Z | E | , | z | h | t | Dezimalzahl | Addition/gemischte Zahl (gekürzt) |
|---|---|---|---|---|---|---|---|---|
| a) | | | | | | | | $46 + \frac{8}{10} = \mathbf{46\,\frac{8}{10}} = \mathbf{46\,\frac{4}{5}}$ |
| b) | | | | | | | | $\frac{2}{10} + \frac{8}{100} =$ |
| c) | | | | | | | | $6 + \frac{4}{10} + \frac{5}{1000} =$ |

## Zehnerpotenzen

Die Stufenzahlen der Dezimalen lassen sich als Zehnerpotenzen mit negativen Exponenten schreiben.

$0{,}\mathbf{001} = \frac{1}{\mathbf{1000}} = 10^{-3}$ (sprich: „10 hoch minus 3"); $3{,}\mathbf{4} = 34 \cdot 10^{-1}$

Die Anzahl der **Stellen hinter dem Komma** entspricht der **Anzahl der Nullen im Nenner** des Bruches und dem **negativen Exponenten**.

**47** Wandle um: dezimale Schreibweise bzw. Schreibweise mit Zehnerpotenz.

a) Dicke eines Haares:
$5 \cdot 10^{-2}$ mm

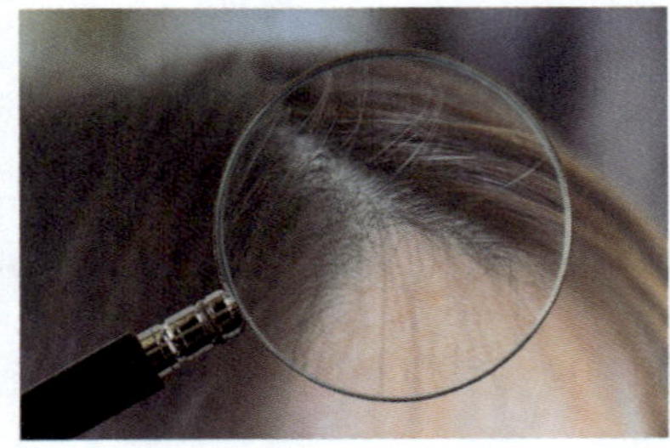

______________________________

b) $10^{-2} =$ ______________________

$10^{-4} =$ ______________________

$9 \cdot 10^{-6} =$ ______________________

$44 \cdot 10^{-2} =$ ______________________

$0{,}1 =$ ______________________

$0{,}0002 =$ ______________________

$3{,}03 =$ ______________________

$0{,}072 =$ ______________________

c) Wie viele Haare haben nebeneinander zusammen eine Dicke von 1 mm?

**48** Richtig oder falsch? Begründe und verbessere, wenn nötig.

a) $48 \cdot 10^{-1} = 0{,}48$ ______________________________

b) $0{,}408 = 0{,}48$ ______________________________

c) $0{,}48 = 0{,}4800$ ______________________________

d) $0{,}00048 = 48 \cdot 10^{-3}$ ______________________________

## Vergleichen und ordnen von Dezimalbrüchen

Zur Anordnung von Dezimalbrüchen mit **positiven** Vorzeichen vergleicht man zuerst die Ziffern vor dem Komma. Sind diese gleich, vergleicht man die Stellen nach dem Komma von links nach rechts. Die **erste Stelle**, **die nicht übereinstimmt**, entscheidet, welches die größere Zahl ist.

8,3**1** < 8,3**2**4 < 8,33 < 8,3**3**4 (Ergänze Nullen, also 8,33**0** < 8,334)

Sind beide Zahlen **negativ**, so ist die Zahl mit dem größeren Betrag die kleinere Zahl.

Haben die Zahlen unterschiedliche Vorzeichen, so ist die negative Zahl die kleinere Zahl.

Dezimalzahlen lassen sich auch an der **Zahlengeraden** veranschaulichen. Je weiter rechts auf der Zahlengerade, desto größer ist die Zahl.

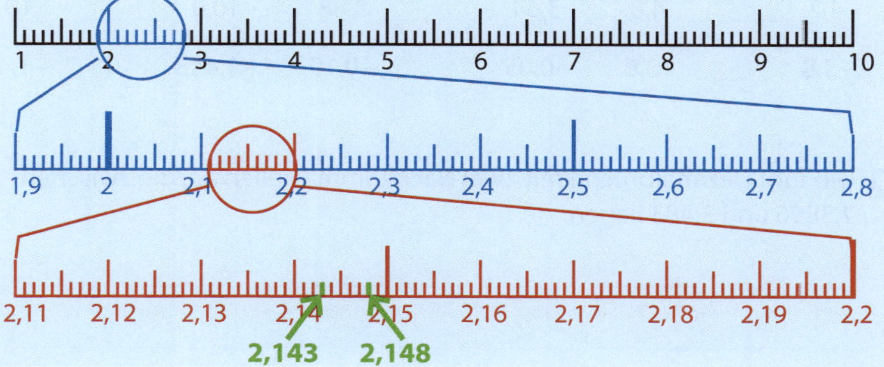

**49** Die Tabellen zeigen ein paar Ergebnisse der letzten Bundesjugendspiele von Lea und Tim.

**Weitsprung**:

| Name | Tim | Andi | Stefan | Theo |
|---|---|---|---|---|
| Weite (m) | 3,18 | 3,02 | 3,81 | 2,98 |

**100-m-Lauf**:

| Name | Susi | Lara | Anna | Lea |
|---|---|---|---|---|
| Zeit (s) | 15,92 | 15,29 | 15,81 | 16,29 |

▶ Wer hat jeweils den 1., 2., 3. bzw. 4. Platz gemacht?

**50** Setze das passende Zeichen ein: > oder <.

2,85 □ 2,58    0,6435 □ 0,6453    1,101 □ 1,011

3,05 □ 3,50    –2,75 □ –2,745    –0,1765 □ 0,1766

41,4 □ 4,14    –77,07 □ –707,7    39,84 □ –3,994

**51** Welche Zahl liegt genau in der Mitte zwischen den beiden Zahlen?

4,2 ________ 4,8    3,64 ________ 3,88    10,0 ________ 10,5

–3,8 ________ –3,6    –0,05 ________ –0,10    –1,448 ________ –1,488

**52** Gib fünf Dezimalbrüche mit zwei Nachkommastellen an, die zwischen 2,3896 und 3,483 liegen.

______________________________________________

______________________________________________

▶ Wie viele solcher Zahlen gibt es? ________

**53** Verbinde folgende Zahlen passend mit der Zahlengeraden. Überlege dabei zunächst, wo du die Null eintragen musst, sodass alle Zahlen auf die Gerade passen.

$-0{,}05$ $\qquad -0{,}12$ $\qquad 0{,}29$ $\qquad 0{,}15$ $\qquad \frac{48}{100}$ $\qquad \frac{5}{10}$

**54** Welche Zahlen werden hier rot markiert? Schreibe dazu. Erweitere die untere Zahlengerade und gib an, wo die Null eingetragen werden muss.

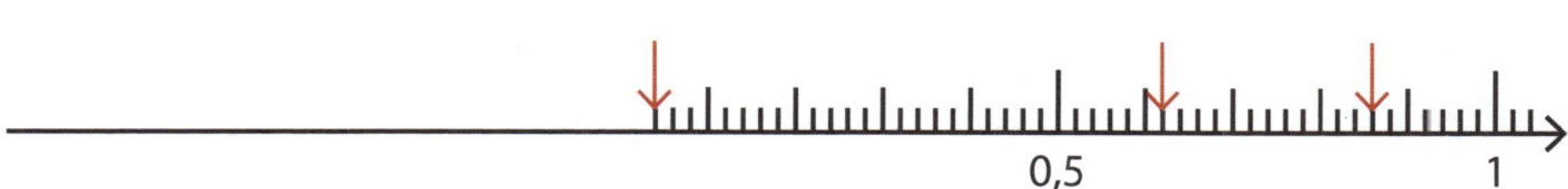


## Runden von Dezimalbrüchen

Beim Runden von Dezimalbrüchen ist die Ziffer rechts von der Rundungsstelle entscheidend:

0, 1, 2, 3, 4 ⇒ runde ab $\qquad$ 5, 6, 7, 8, 9 ⇒ runde auf

Entstehen beim Runden Endnullen, dürfen diese **nicht** weggelassen werden.

| Runde die Zahl | **3,0496** |
|---|---|
| auf eine Nachkommastelle | 3,0 (3,0496 ↓) |
| auf zwei Nachkommastellen | 3,05 (3,0496 ↑) |

**55** Runde auf die in Klammern angegebene Stelle.

(z) 2,8547 ≈ ________ $\qquad$ (h) 28,6093 ≈ ________ $\qquad$ (zt) 0,04001 ≈ ________

(z) 6,96 ≈ ________ $\qquad$ (h) 0,4928 ≈ ________ $\qquad$ (t) 6,3997 ≈ ________

**56** Runde auf die in den Klammern angegebene Einheit. Wandle zunächst um.

a) 57,34 m (→ dm) = **573,4 dm ≈ 573 dm**

b) 5,4321 km (→ m) = ________________ ≈ ________________

c) 0,0447 kg (→ g) = ________________ ≈ ________________

d) 89,5555 dm (→ mm) = ________________ ≈ ________________

e) 0,49980 t (→ kg) = ________________ ≈ ________________

**57** Gib jeweils die kleinste und die größte Dezimalzahl mit drei Dezimalen an, die gerundet die Zahl links im grauen Rand der Tabelle ergibt.

| | kleinste Zahl | größte Zahl |
|---|---|---|
| 3,4 | **3,350** | **3,449** |
| 10,8 | | |
| 0,55 | | |

| | kleinste Zahl | größte Zahl |
|---|---|---|
| −1,8 | | |
| −4,75 | | |
| −7 | | |

## Umwandlung: Bruch in Dezimalbruch

Für die Umwandlung von Brüchen in gemischter Schreibweise lässt man die Ganzen stehen und wandelt nur den zugehörigen Bruchteil um, der dann die Dezimalen hinter dem Komma liefert, oder man schreibt die gemischte Zahl als unechten Bruch und wandelt dann in eine Dezimalzahl um:

**Möglichkeit 1**: Durch Erweitern oder Kürzen lässt sich der Bruch auf Zehntel, Hundertstel, Tausendstel ... bringen. Dann kann er leicht als Dezimalbruch geschrieben werden.

$3\frac{27}{75} = 3\frac{9}{25} = 3\frac{36}{100} = 3{,}36$

Beachte: Dies funktioniert, wenn der Nenner des vollständig gekürzten Bruchs nur die Primfaktoren 2 und 5 enthält. In diesem Fall gehört zu dem Bruch ein **endlicher** Dezimalbruch.

**Möglichkeit 2**: Der Bruch $\frac{a}{b}$ wird als Quotient a : b aufgefasst und sein Wert durch die Division berechnet. Bricht die Division ab, ist das Ergebnis ein **endlicher** Dezimalbruch.
Bricht die Division nicht ab, enthält also der Nenner des vollständig gekürzten Bruchs nicht nur die Primfaktoren 2 und 5, so ist das Ergebnis ein **unendlicher** Dezimalbruch. Die Dezimalen wiederholen sich dabei immer wieder, was als **periodischer Dezimalbruch** bezeichnet wird. Die Periodenlänge ist dabei die Anzahl der Ziffern, nach welchen sich die Reihe wiederholt.

Wenn du keine Ziffer mehr herunterholen kannst, ergänzt du eine **Null** (später, wenn nötig, **weitere**) und setzt im Ergebnis das **Komma**.

endlicher Dezimalbruch:

$3\frac{27}{75} = \frac{252}{75} = 252 : 75 = 3{,}36$

```
 252 : 75 = 3,36
-225
  270
  225
   450
   450
     0
```

unendlicher Dezimalbruch:

$1\frac{3}{11} = \frac{14}{11} = 14 : 11 = 1{,}27272727... = 1{,}\overline{27}$ (Periodenlänge: 2)

```
 14 : 11 = 1,27272727...
-11
  30
 -22
   80
  -77
    30 ...
```

**58** a) Kreise in der Tabelle alle Brüche ein, die zu unendlichen Dezimalbrüchen werden.

b) Wandle die Brüche in Dezimalzahlen um. Rechne auf deinem Block.

| Bruch | $\frac{1}{2}$ | $\frac{1}{3}$ | $\frac{1}{4}$ | $\frac{1}{5}$ | $\frac{1}{8}$ | $\frac{1}{9}$ |
|---|---|---|---|---|---|---|
| Dezimalzahl | | | | | | |

c) Wandle durch Division um. Achte auf das Komma! Rechne auf dem Block.

$\frac{1}{20}$ = **1 : 20 =** ____________ $\frac{42}{5}$ = ____________ $\frac{820}{8}$ = ____________

$\frac{9}{15}$ = ____________ $\frac{17}{3}$ = ____________ $\frac{494}{9}$ = ____________

**59** Verbinde jeden Bruch mit der zugehörigen dezimalen Schreibweise.
Tipp: Kürze, wenn möglich, oder erweitere geschickt.

$\frac{9}{12}$ $\frac{12}{48}$ $\frac{3}{2}$ $\frac{21}{5}$ $\frac{3}{9}$ $\frac{3}{90}$

1,5 $0{,}0\overline{3}$ 4,2 0,75 $0{,}\overline{3}$ 0,25

**60** Wahr oder falsch? Überlege dir eine sinnvolle Begründung.

| | wahr | falsch |
|---|---|---|
| Der Bruch $\frac{33}{22}$ gehört zu einem periodischen Dezimalbruch. | | |
| Der periodische Dezimalbruch zu $\frac{3}{11}$ hat eine Periodenlänge von 2. | | |
| Ist die Primzahl 3 als Faktor im Nenner enthalten, so liefert die Division immer einen unendlichen Dezimalbruch. | | |

**61** Was sagst du zu folgender Aussage? Begründe.

„Man kann keinen größten Dezimalbruch mit endlicher Ziffernzahl angeben, der kleiner als 1 ist."

**62** Wandle um. Rechne, wenn nötig, auf deinem Block.

| gemischte Zahl | $4\frac{1}{2}$ | $2\frac{2}{3}$ | $1\frac{9}{4}$ | $10\frac{4}{5}$ | $1\frac{7}{8}$ | $3\frac{1}{9}$ |
|---|---|---|---|---|---|---|
| Dezimalzahl | | | | | | |

# Umwandlung: endlicher Dezimalbruch in Bruch

Mit Hilfe der Stellenwerttafel und den Regeln zur Addition von Brüchen lassen sich endliche Dezimalzahlen einfach als Bruch schreiben.

| Zahl | **Einer (E)** | | **Zehntel (z)** | **Hundertstel (h)** | **Tausendstel (t)** |
|---|---|---|---|---|---|
| 3,567 | 3 | , | 5 | 6 | 7 |

$$3 + \frac{5}{10} + \frac{6}{100} + \frac{7}{1000} = \frac{3000 + 500 + 60 + 7}{1000} = \frac{3567}{1000}$$

**63** Trage die Dezimalzahl in eine Stellenwerttafel ein und notiere sie dann als Bruch in gekürzter Form.

a) 2,4 b) 2,01 c) 0,002 d) 0,25 e) 8,305

| | Zahl | E | | z | h | t | Bruch mit Stufenzahl | Bruch gekürzt |
|---|---|---|---|---|---|---|---|---|
| a) | **2,4** | | | | | | $\mathbf{\frac{24}{10}}$ | |
| b) | | | | | | | | |
| c) | | | | | | | | |
| d) | | | | | | | | |
| e) | | | | | | | | |

**64** Wandle folgende Dezimalzahlen in die Bruchschreibweise um. Kürze dabei vollständig.

2,244 = ______________________________

10,08 = ______________________________

8,9040 = ______________________________

## Sonderfall: Neunerbruch

Ein Neunerbruch ist ein Bruch, dessen Nenner als Ziffern nur Neuner hat.

**65** a) Wandle die Neunerbrüche $\frac{1}{9}$, $\frac{4}{9}$ und $\frac{7}{9}$ in eine Dezimalzahl um. Was fällt dir auf? Kannst du aus deiner Beobachtung die Dezimalzahl zu $\frac{5}{9}$ und $\frac{8}{9}$ ohne Rechnung angeben?

b) Wandle die Neunerbrüche $\frac{1}{99}$, $\frac{14}{99}$ und $\frac{23}{99}$ in eine Dezimalzahl um. Was fällt dir auf? Kannst du aus deiner Beobachtung die Dezimalzahl zu $\frac{5}{99}$ und $\frac{19}{99}$ angeben?

c) Hast du eine Vermutung, wie der Dezimalbruch zu $\frac{123}{999}$ lautet? Bestätige deine Vermutung durch eine Rechnung.

d) Wende dein Wissen an und wandle die periodischen Dezimalzahlen $0,\overline{6}$ und $0,\overline{246}$ in Brüche um. Erkläre.

e) Wandle $0,\overline{9}$ in einen Bruch um. Kannst du das Ergebnis erklären?

## Prozentschreibweise bei Dezimalbrüchen

In dezimaler Schreibweise musst du das Komma um zwei Stellen nach rechts schieben, um die Prozentschreibweise zu erhalten.

0,378 = 37,8 % oder umgekehrt 25 % = 0,25

**66** Tim hat Dezimalzahlen in Prozent oder Prozent in Dezimalzahlen umgewandelt. Überprüfe und korrigiere, wenn nötig.

| | | |
|---|---|---|
| 0,1 = 10 % | 0,2 = 2 % | $\frac{4}{9}$ = 8 % |
| 0,876 = 87,6 % | 50 % = 0,5000 | 17 % = 0,107 |

**67** Schreibe in dezimaler Schreibweise und als vollständig gekürzten Bruch.

a) 6 % = ______________________________

b) 20,2 % = ______________________________

**68** Tims Papa probiert in der Therme Erding die Rutsche *Kamikaze* aus. An der steilsten Stelle hat diese Rutsche ein Gefälle von ca. 173 %.

Gefälle: 173 %
1,73 m
Neigungs-winkel
1,0 m

a) Gib das Gefälle als Dezimalzahl und vollständig gekürzten Bruch an.

b) Recherchiere im Internet nach dem Neigungswinkel zu diesem Gefälle.

## Addition und Subtraktion von Dezimalbrüchen

Dezimalbrüche müssen stellengerecht addiert und subtrahiert werden. Dies bedeutet, dass das **Komma unter dem Komma** stehen muss. Dazu musst du gegebenenfalls bei der Zahl mit weniger Dezimalen **am Ende Nullen** ergänzen.

```
68,273 + 20,0348  ⇒     6 8, 2 7 3 0  ⟵ Null ergänzt
                      + 2 0, 0 3 4 8
                      --------------
                        8 8, 3 0 7 8

243,582 – 75,46   ⇒   2 4 3, 5 8 2
                    –   7 5, 4 6 0  ⟵ Null ergänzt
                      --------------
                      1 6 8, 1 2 2
```

**69** Rechne auf deinem Block.

2,459 + 14,062 = ______________________

3,34 – 0,005 = ______________________

0,803 + 8,207 – 1,45 – (3,48 + 0,05) = ______________________

**70** Lea und Tim kaufen für Leas Geburtstagsparty ein.

▶ Wie viel Rückgeld erhalten die beiden, wenn sie 40 € dabei haben? Überschlage zunächst, ob das Geld reicht, indem du mit gerundeten €-Beträgen rechnest.

Kassenzettel

| | |
|---|---|
| Pappgeschirr | 5,80 € |
| Süßwaren Gummibären | 3,45 € |
| Süßwaren Brausestangen | 4,84 € |
| Wasser | 7,38 € |
| Limo | 15,45 € |

**71** Die Abbildung zeigt eine Zahlenmauer. Über zwei Zahlen aus der Zahlenmauer steht dabei stets der Wert ihrer Summe.

a) Fülle die Lücken in den Zahlenmauern aus.

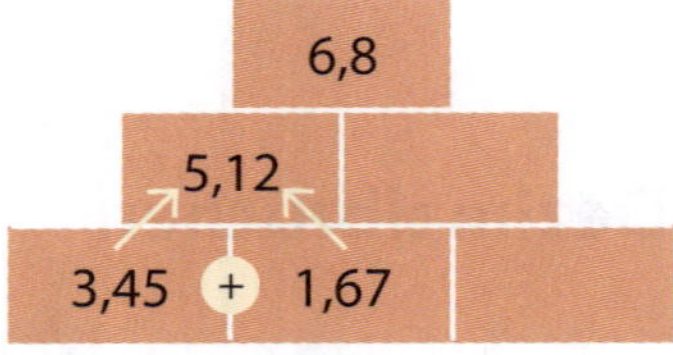


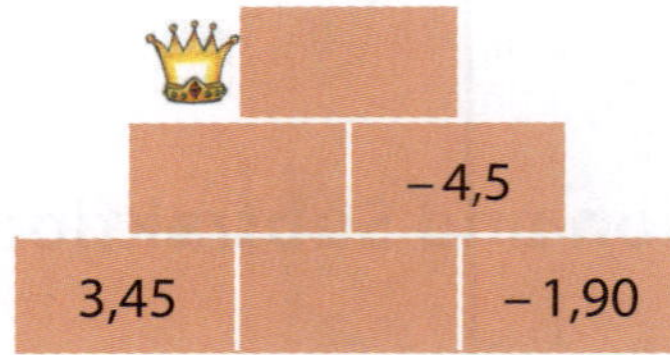


b) Lea verändert die erste Zahlenmauer so, dass in der Spitze die Zahl 25 steht. Welche Zahlen gehören nun in die zwei fehlenden Felder?

**72** 

Tim und Leas Eltern wollen für eine Gartenparty einen Caterer engagieren. Dieser macht ihnen das folgende Angebot:

a) Berechne den exakten Rechnungsbetrag.

b) Der Caterer gibt bei sofortiger Barzahlung 3 % Rabatt auf den Gesamtbetrag. Wie viel müssen Leas Eltern nun bezahlen?

**Gartenparty**

**Angebot**

| | |
|---|---|
| Buffet | 345,85 € |
| Lieferung | 48,95 € |
| Getränke | 276,74 € |

**73** Löse mit Hilfe einer Umkehraufgabe. Gib deine Rechnung an.

a) $y + 2{,}45 = 6{,}78$

b) $-3{,}88 + x = -2{,}85$

c) $10{,}075 + z = 4{,}675$

d) $10{,}075 - x = 12{,}00$

**74** In jedes Kästchen wird eine der folgenden Ziffern eingetragen: 1, 3, 4, 5, 7, 9. Jede Ziffer darf aber nur einmal vorkommen. Trage die Ziffern und die Rechenzeichen +/– so in die Kästchen, dass

a) der Summenwert möglichst groß ist.

b) der Wert der Differenz möglichst klein ist, aber größer als 0.

a)

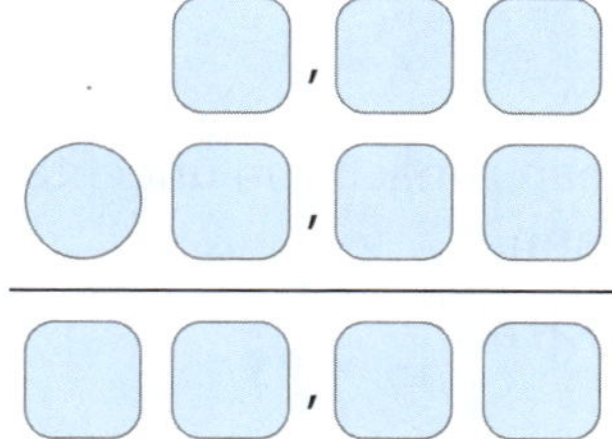

 b)

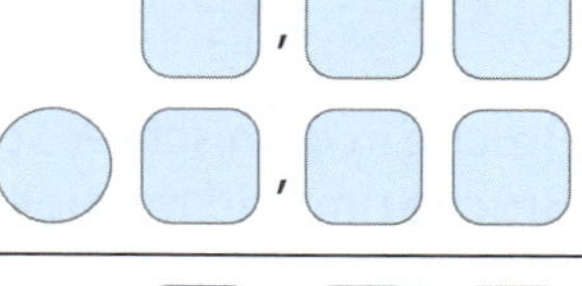

**75** Zahlenkarten

a) Wähle aus den gegebenen Karten jeweils zwei aus, die als Summe den Wert 1 haben. Male sie jeweils in gleicher Farbe an.
Achtung: Es bleiben Karten übrig.

b) Wähle zwei Karten aus, so dass die Summe größer als 0,1 aber kleiner als 0,5 ist:

| –1,05 | 0,144 | 0,05 | 0,0406 | 0,856 |
|---|---|---|---|---|
| 0,3774 | 0,95 | 0,6336 | 2,05 | 0,9594 |

# Multiplikation und Division von Brüchen

Man multipliziert zwei Brüche, indem man beide Zähler und beide Nenner getrennt voneinander multipliziert:

$\frac{2}{3} \cdot \frac{4}{5} = \frac{2 \cdot 4}{3 \cdot 5} = \frac{8}{15}$

Achtung: Kürze immer zuerst, wenn dies möglich ist!

Man dividiert zwei Brüche, indem man vom Divisor den Kehrwert bildet, also Nenner und Zähler tauscht, und dann Dividend und Kehrwert des Divisors multipliziert:

$\frac{2}{3} : \frac{4}{5} = \frac{2}{3} \cdot \frac{5}{4} = \frac{2 \cdot 5}{3 \cdot 4} = \frac{1 \cdot 5}{3 \cdot 2} = \frac{5}{6}$

Beachte: Auch jede **ganze Zahl** kann man als Bruch schreiben und somit die Rechenregeln anwenden.

$\frac{2}{3} : 5 = \frac{2}{3} : \frac{5}{1} = \frac{2}{3} \cdot \frac{1}{5} = \frac{2 \cdot 1}{3 \cdot 5} = \frac{2}{15}$

Brüche in gemischter Schreibweise formt man zunächst in unechte Brüche um und multipliziert/dividiert sie dann.

Quotienten aus zwei Brüchen kann man auch als **Doppelbruch** schreiben: $\frac{\frac{2}{3}}{\frac{4}{5}} = \frac{2}{3} : \frac{4}{5}$

**76** Berechne.

a) $\frac{2}{3} \cdot \frac{3}{5} =$ ______

b) $\frac{12}{21} : \frac{2}{3} =$ ______

c) $5\frac{1}{7} \cdot 3\frac{8}{9} =$ ______

d) $4\frac{2}{5} : 2\frac{1}{10} =$ ______

e) $\frac{3}{7} \cdot 4\frac{1}{6} =$ ______

**77** Berechne die Doppelbrüche, indem du sie vorher in Quotienten umwandelst.

$$\frac{\frac{1}{3}}{\frac{7}{8}} =$$

$$\frac{\frac{3}{4}}{8\frac{1}{8}} =$$

**78** Fülle die Lücken in der Zahlenmauer. **Multipliziere** immer zwei Steine, die nebeneinanderstehen. Schreibe das Ergebnis in den Stein darüber. Rechne auf deinem Block.

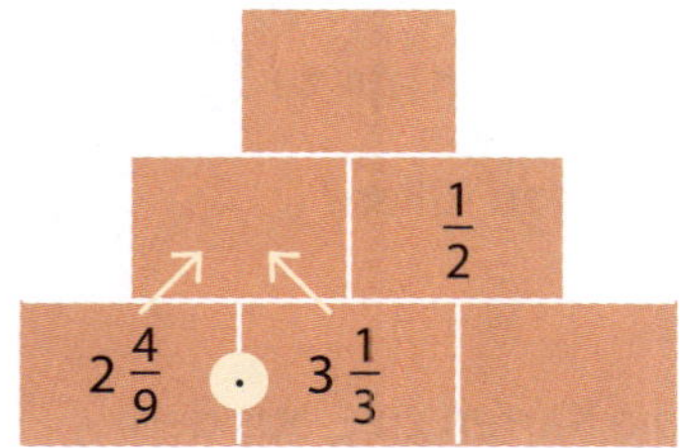


Denk daran,
wenn $a \cdot b = c$,
dann $a = c : b$
und $b = c : a$

**79** Bestimme, welche Zahl fehlt.

a) $2\frac{1}{5} \cdot \square = \frac{11}{3} \Rightarrow \frac{11}{5} \cdot \square = \frac{11}{3} \Rightarrow \frac{11}{3} : \frac{11}{5} = \square$

b) $\square : \frac{5}{8} = 2\frac{1}{2} \Rightarrow$ ____________________

c) $3\frac{6}{7} : \square = 27 \Rightarrow$ ____________________

d) $\square \cdot \frac{5}{4} = 1 \Rightarrow$ ____________________

**80** Bestimme jeweils den Anteil.

a) $\frac{1}{4}$ von $\frac{3}{8}$ l = $\frac{1}{4} \cdot \frac{3}{8}$ l = $\frac{1 \cdot 3}{4 \cdot 8}$ l = $\mathbf{\frac{3}{32}}$ **l**

b) $\frac{7}{9}$ von $\frac{3}{4}$ h = ______________________________

c) $\frac{3}{5}$ von $\frac{1}{6}$ m = ______________________________

d) $\frac{5}{4}$ von $\frac{1}{2}$ kg = ______________________________

Hinweis: Das Wort **von** bedeutet in der Mathematik häufig, dass multipliziert werden muss.

**81** In Leas Planschbecken passen genau 120 Liter Wasser. Ihr Eimer fasst 5 Liter. Damit beim Tragen nichts überschwappt, macht sie ihn nur zu $\frac{24}{25}$ voll.

▸ Wie oft muss sie gehen, um das Planschbecken zu füllen?

**82** In einem bayerischen Kartenspiel bestehen die Karten zu $\frac{5}{9}$ aus den Zahlenkarten 6, 7, 8, 9 und 10. Die übrigen Karten sind Bildkarten. Von diesen Karten haben $\frac{1}{4}$ die Farbe **Eichel**.

a) Wie groß ist der Anteil der Eichel-Zahlenkarten an einem gesamten Kartenspiel?

b) Wie viele Herz-Bildkarten gibt es, wenn das gesamte Kartenspiel 36 Karten umfasst?

**83** Tim übt mit seiner 5-jährigen Cousine Lisa für das Schwimmabzeichen *Seepferdchen*. Dafür muss sie einen Ring aus schultertiefem Wasser heraufholen.
Im Freibad steht das Wasser im Kinderbecken $\frac{9}{10}$ m hoch, also genau auf Schulterhöhe von Lisa.

▸ Wie viele cm ist Lisa groß? Sieh dir die Zeichnung an!

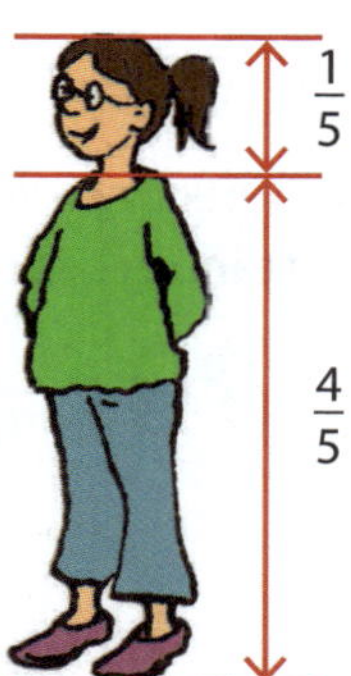


## Potenzen

Wie die ganzen Zahlen, lassen sich auch die rationalen Zahlen potenzieren. Dabei gibt der Exponent an, wie oft die Basis mit sich selbst multipliziert wird.

Zur Erinnerung: $a^b = \underbrace{a \cdot a \cdot a \cdot a \cdot a \cdot \ldots}_{\text{Anzahl der Faktoren} \mathrel{\hat{=}} b}$ (a: Basis, b: Exponent)

$$\left(\frac{1}{3}\right)^4 = \frac{1}{3} \cdot \frac{1}{3} \cdot \frac{1}{3} \cdot \frac{1}{3} = \frac{1 \cdot 1 \cdot 1 \cdot 1}{3 \cdot 3 \cdot 3 \cdot 3} = \frac{1}{81}$$

$$1{,}2^3 = 1{,}2 \cdot 1{,}2 \cdot 1{,}2 = 1{,}728$$

Potenzen mit negativen ganzzahligen Exponenten sind eine Schreibweise für Brüche mit **Zähler 1**: $a^{-b} = \frac{1}{a^b}$ oder den Kehrbruch: $\left(\frac{b}{a}\right)^{-c} = \left(\frac{a}{b}\right)^c$

$$5^{-2} = \frac{1}{5^2} = \frac{1}{5 \cdot 5} = \frac{1}{25} \quad \text{oder} \quad \left(\frac{3}{4}\right)^{-2} = \left(\frac{4}{3}\right)^2 = \frac{4 \cdot 4}{3 \cdot 3} = \frac{16}{9}$$

**84** Berechne wie im Merkkasten.

a) $\left(\frac{1}{4}\right)^3 =$ ______________________

b) $\left(\frac{2}{3}\right)^4 =$ ______________________

c) $\left(1\frac{2}{3}\right)^{-2} =$ ______________________

**85** Berechne die folgenden Potenzen. Schreibe die Ergebnisse immer als vollständig gekürzte Brüche in gemischter Schreibweise **und** als Dezimalzahl.

$\left(2\frac{2}{5}\right)^3$   $\left(\frac{7}{10}\right)^2$   $\left(\frac{1}{2}\right)^5$   $5^{-2}$   $10^{-4}$   $\left(\frac{3}{4}\right)^{-2}$

**86** Fülle die Tabelle aus. Kürze, wenn möglich.

| $a^b$ Exponent → Basis ↓ | **2** | **3** | **−2** |
|---|---|---|---|
| $\frac{1}{2}$ | $\left(\frac{1}{2}\right)^2 = \frac{1}{4}$ | | |
| $\frac{2}{3}$ | | | |
| $2\frac{4}{5}$ | | | |
| $1\frac{1}{4}$ | | | |

**87** Wahr oder falsch? Kreuze an. Bei falschen Aussagen finde ein Beispiel, auf das die Aussage nicht zutrifft.

| | wahr | falsch |
|---|---|---|
| $3^a$ ist immer größer als 3. | | |
| $a^2$ ist immer größer als a. | | |
| $a^{-2}$ ist immer positiv, wenn a positiv ist ($a \neq 0$). | | |
| $a^{-3}$ ist immer kleiner als 1 ($a \neq 0$). | | |
| $a^3$ ist immer negativ, wenn a negativ ist. | | |
| $a^0$ ist immer 1. | | |

156

# Rechnen und Textaufgaben

Gymnasium 6. Klasse

Lösungen

Dieser Lösungsteil ist herausnehmbar!
Klammern in der Mitte des Heftes öffnen!

**Zwischenergebnisse** sind **grün**, **Endergebnisse** sind **rot** gedruckt.

**1** Kuchen: $\frac{5}{12}$

Pizza: $\frac{8}{20}$ oder $\frac{2}{5}$

**2** a) $\frac{9}{20}$ b) $\frac{4}{8}$ oder $\frac{1}{2}$ c) $\frac{3}{9}$ oder $\frac{1}{3}$

d) $\frac{5}{16}$ e) $\frac{2}{12}$ oder $\frac{1}{6}$ f) $\frac{1}{64}$

**3** a)

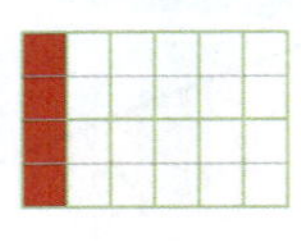

$\frac{1}{6} = \frac{4}{24}$ = **4 Felder**

b) $\frac{1}{12} = \frac{2}{24}$ = **2 Felder**

$\frac{5}{12} = \frac{10}{24}$ = **10 Felder**

**4** a)

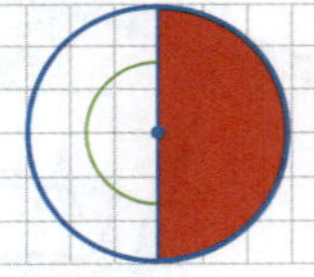

360° : 2 = **180°**

1 · 180° = **180°**

b) 360° : 3 = **120°**

2 · 120° = **240°**

c) 360° : 6 = **60°**

5 · 60° = **300°**

d) 360° : 8 = **45°**

3 · 45° = **135°**

**5** b) $\frac{4}{7}$ von 4,9 m = (4,9 m : 7) · 4 = (49 dm : 7) · 4 = 7 dm · 4 = **28 dm**

c) $\frac{3}{8}$ kg von 1 kg = (1 kg : 8) · 3 = (1000 g : 8) · 3 = 125 g · 3 = **375 g**

d) $\frac{13}{25}$ von 5 € = (5 € : 25) · 13 = (500 ct : 25) · 13 = 20 ct · 13 = **260 ct**

e) $\frac{5}{16}$ von 6,4 cm = (64 mm : 16) · 5 = 4 mm · 5 = **20 mm**

**6** a) (1 dm : 20) · 3 = (100 mm : 20) · 3 = 5 mm · 3 = **15 mm = 1,5 cm**

|———| = 1,5 cm

b) 2,5 cm : 1 dm = 25 mm : 100 mm = $\frac{25}{100} = \frac{1}{4}$

**7** a) Der Tank war noch zu $\frac{1}{4}$ voll, also haben $\mathbf{\frac{3}{4}}$ gefehlt. Somit entsprechen die 45 l also $\mathbf{\frac{3}{4}}$ des gesamten Fassungsvermögens.

b) 45 l : 3 = 15 l → $\frac{1}{4}$ entspricht **15 l** → 45 l + 15 l = **60 l** ($\frac{3}{4} + \frac{1}{4}$ = 1 Ganzes)
Es passen also insgesamt **60 l Benzin** in den Tank.

**8** Verhältnis 1 : 4 → 1 Teil Apfelsaft und 4 Teile Mineralwasser
→ insgesamt also 5 gleiche Teile

1 l : 5 = 1000 ml : 5 = **200 ml** (Größe eines Teils)
→ 4 · 200 ml = **800 ml** (Mineralwasser)
→ 1 · 200 ml = **200 ml** (Apfelsaft)

Sie benötigen **200 ml** Apfelsaft und **800 ml** Mineralwasser.

**9** a) $\frac{1}{18}$ von 36 = (36 : 18) · 1 = **2**; $\frac{2}{3}$ von 36 = (36 : 3) · 2 = 12 · 2 = **24**;
36 – (2 + 24) = 36 – 26 = **10**

**2 Bleistifte**, **24 Buntstifte**, **10 Fineliner**

b) 10 von 36 = $\mathbf{\frac{10}{36}}$ $\left(\triangleq \frac{5}{18}\right)$
Die Fineliner entsprechen einem Bruchteil von $\mathbf{\frac{10}{36}}$.

**10** a) 2 · 576 € = **1152 €** (entspricht $\mathbf{\frac{1}{5}}$ des gesamten Geldes)
→ 5 · 1152 € = **5760 €**
Opa hat insgesamt **5760 €** verschenkt.

b) 5760 € ist genau das **10-Fache** von 576 €,
also sind 576 € genau $\mathbf{\frac{1}{10}}$ von 5760 €.
Tim hat $\mathbf{\frac{1}{10}}$ des gesamten Geldes erhalten.

**11**  $\frac{3}{8}$ von 4800 € = (4800 € : 8) · 3 = 600 € · 3 = **1800 €**

4800 € – 1800 € = **3000 €**

3000 € – 2000 € = **1000 €**

Es bleiben ihm also **1000 €** für alle anderen Ausgaben übrig.

$\frac{1}{4}$ von 4800 € = 4800 € : 4 = **1200 € ≠ 1000 €**

Lea hat **nicht Recht**.

**12** a) $\frac{13}{10} = 1\frac{3}{10}$ b) $\frac{29}{12} = 2\frac{5}{12}$ c) $\frac{33}{9} = 3\frac{6}{9}$ d) $\frac{9}{8} = 1\frac{1}{8}$

**13** $\frac{17}{5} = 3\frac{2}{5}$ $2\frac{2}{8} = \frac{18}{8}$ $\frac{8}{3} = 2\frac{2}{3}$ $5\frac{1}{4} = \frac{21}{4}$ $\frac{25}{7} = 3\frac{4}{7}$

$10\frac{2}{9} = \frac{92}{9}$ $1\frac{7}{11} = \frac{18}{11}$ $\frac{38}{6} = 6\frac{2}{6}$ $4\frac{16}{17} = \frac{84}{17}$ $\frac{101}{2} = 50\frac{1}{2}$

**14** a) $\frac{1}{2} = \frac{3}{6} = \frac{6}{12}$ b) $\frac{3}{5} = \frac{6}{10} = \frac{12}{20}$

**15**   

**16** a) 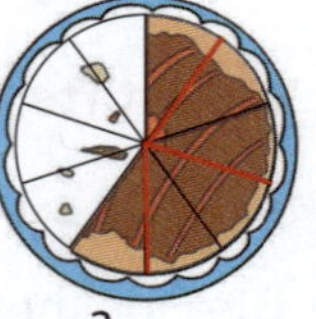

b) Aus $\frac{3}{5}$ werden $\frac{6}{10}$.

**17**

| Bruch | $\frac{3}{7}$ | $\frac{5}{9}$ | $\frac{1}{18}$ | $\frac{35:5}{55:5} = \frac{7}{11}$ | $\frac{4}{25}$ |
|---|---|---|---|---|---|
| erweitert mit | 2 | 6 | 3 | 5 | 4 |
| erweiterter Bruch | $\frac{3 \cdot 2}{7 \cdot 2} = \frac{6}{14}$ | $\frac{30}{54}$ | $\frac{3}{54}$ | $\frac{35}{55}$ | $\frac{16}{100}$ |

| Bruch | $\frac{18}{27}$ | $\frac{15}{100}$ | $\frac{20}{130}$ | $\frac{25}{50}$ | $\frac{17}{68}$ |
|---|---|---|---|---|---|
| gekürzt mit | 3 | 5 | 10 | 25 | 17 |
| gekürzter Bruch | $\frac{18:3}{27:3} = \frac{6}{9}$ | $\frac{3}{20}$ | $\frac{2}{13}$ | $\frac{1}{2}$ | $\frac{1}{4}$ |

**18** $\frac{100}{125} \rightarrow \frac{20}{25} \rightarrow \mathbf{\frac{4}{5}}$ $\frac{156}{168} \rightarrow \frac{78}{84} \rightarrow \frac{39}{42} \rightarrow \mathbf{\frac{13}{14}}$

$\frac{143}{187} \rightarrow \mathbf{\frac{13}{17}}$ $\frac{120}{330} \rightarrow \frac{12}{33} \rightarrow \mathbf{\frac{4}{11}}$

**19** a) $\frac{19}{20}, \frac{17}{20}, \frac{13}{20}, \frac{11}{20}, \frac{9}{20}, \frac{7}{20}, \frac{3}{20}, \frac{1}{20}$ b) $\frac{4}{20}, \frac{3}{20}, \frac{2}{20}, \frac{1}{20}$

c) $\frac{19}{20}, \frac{17}{20}, \frac{13}{20}, \frac{11}{20}, \frac{7}{20}, \frac{5}{20}, \frac{3}{20}, \frac{2}{20}$ d) $\frac{16}{20}, \frac{12}{20}, \frac{8}{20}, \frac{4}{20}$

**20** a) $\frac{12}{32} = \mathbf{\frac{36}{96}} = \frac{3}{\mathbf{8}} = \mathbf{\frac{63}{168}}$ b) $\mathbf{\frac{32}{100}} = \frac{16}{\mathbf{50}} = \mathbf{\frac{40}{125}} = \frac{8}{25}$

c) $\frac{1}{\mathbf{7}} = \frac{\mathbf{3}}{21} = \frac{15}{105} = \frac{5}{\mathbf{35}} = \frac{\mathbf{6}}{42}$

**21**

| Prozent | 10 % | **25 %** | **30 %** | 50 % |
|---|---|---|---|---|
| vollständig gekürzter Bruch | $\frac{10}{100} = \mathbf{\frac{1}{10}}$ | $\mathbf{\frac{25}{100}} = \frac{1}{4}$ | $\mathbf{\frac{30}{100}} = \frac{3}{10}$ | $\mathbf{\frac{50}{100}} = \mathbf{\frac{1}{2}}$ |

| Prozent | 60 % | **75 %** | **80 %** | 90 % | **100 %** |
|---|---|---|---|---|---|
| vollständig gekürzter Bruch | $\mathbf{\frac{60}{100}} = \mathbf{\frac{3}{5}}$ | $\mathbf{\frac{75}{100}} = \frac{3}{4}$ | $\mathbf{\frac{80}{100}} = \frac{4}{5}$ | $\mathbf{\frac{90}{100}} = \mathbf{\frac{9}{10}}$ | $\mathbf{\frac{100}{100}} = \frac{1}{1}$ |

**22** a) $\mathbf{\frac{3}{20}} = \mathbf{15\,\%}$ b) $\mathbf{\frac{1}{5}} = \mathbf{20\,\%}$

c) $\mathbf{\frac{1}{4}} = \mathbf{25\,\%}$ d) $\mathbf{\frac{7}{10}} = \mathbf{70\,\%}$

e) $\mathbf{\frac{1}{2}} = \mathbf{50\,\%}$ f) $\mathbf{\frac{7}{20}} = \mathbf{35\,\%}$

**23** b) $\frac{70}{100}$ von 3 kg = $\frac{7}{10}$ kg von 3 kg = (3000 g :10) · 7 = 300 g · 7 = **2100 g**

c) $\frac{55}{100}$ von 10 dm = (10 dm : 100) · 55 = (100 cm : 100) · 55 = **55 cm**

d) $\frac{60}{100}$ von 3 h = $\frac{6}{10}$ von 3 h = (3 h : 10) · 6 = (180 min : 10) · 6 = **108 min**

**24** a) 40 % hat er schon bezahlt, also fehlen noch 60 %. $60\,\% = \frac{60}{100} = \mathbf{\frac{3}{5}}$

Papa muss im nächsten Monat $\mathbf{\frac{3}{5}}$ des Gesamtpreises bezahlen.

b) $150\,€ \triangleq 40\,\% = \frac{40}{100} = \frac{4}{10} = \mathbf{\frac{2}{5}}$ $\quad 75\,€ \triangleq \frac{1}{5}$ $\quad 75\,€ \cdot 5 = \mathbf{375\,€}$

Das Fahrrad hat **375 €** gekostet.

**25** senkrecht: (1) $9^2 = \mathbf{81}$

| | | | | |
|---|---|---|---|---|
| **8** | **5** | ■ | **1** | **6** |
| **1** | ■ | **2** | ■ | **4** |
| ■ | **1** | **2** | **6** | ■ |
| **3** | ■ | **2** | ■ | **7** |
| **5** | **9** | ■ | **1** | **1** |

| | |
|---|---|
| (1) $\frac{17}{20} = \mathbf{85}\,\%$ | (2) $\frac{1}{25}$ von 125 h = **5** h |
| (3) $\frac{4}{3} = \frac{\mathbf{16}}{12}$ | (4) $\frac{7}{8}$ von **64** ml = 56 ml |
| (6) $\frac{7}{18}$ von 324 g = **126** g | (5) $\frac{2}{9}$ von 999 € = **222** € |
| (9) $\frac{1}{2} = \frac{\mathbf{59}}{118}$ | (7) $\frac{7}{\mathbf{35}} = 20\,\%$ |
| (10) kleinste 2-stellige Primzahl: **11** | (8) $10\,\frac{1}{7} = \frac{\mathbf{71}}{7}$ |

**26**

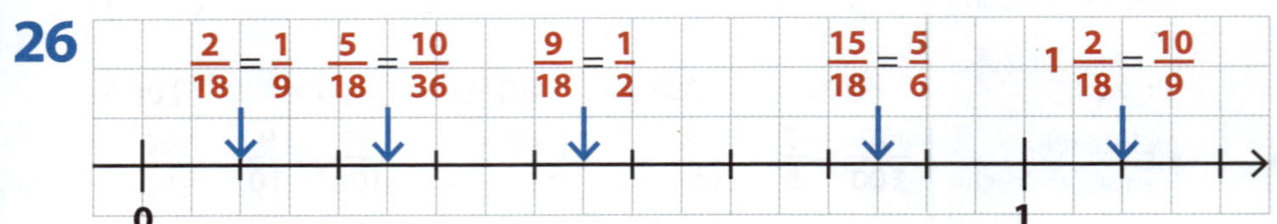


**27**

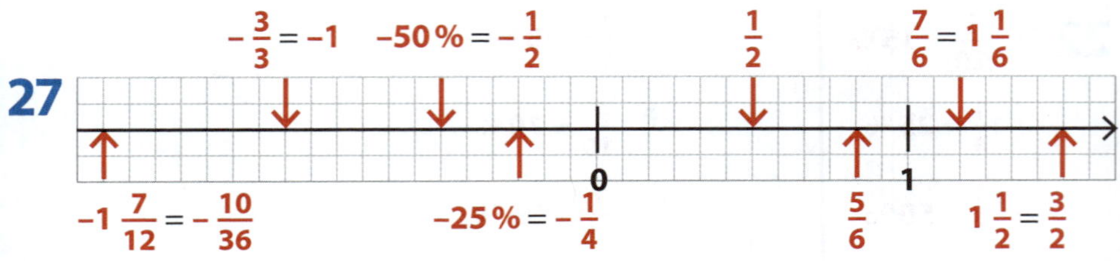


**28** $-\frac{1}{2} = -\frac{4}{8} = -\frac{8}{16}$ ... $\frac{7}{8} = \frac{14}{16}$ **Dazwischen** gibt es unendlich viele Zahlen.

Z. B.: $-\frac{7}{16}; -\frac{6}{16}; -\frac{5}{16}; -\frac{4}{16}; -\frac{3}{16}; -\frac{2}{16}; -\frac{1}{16}; 0; \frac{1}{16}; \frac{2}{16}; \ldots; \frac{12}{16}; \frac{13}{16}$

**29** $-\frac{7}{3} = -2\frac{1}{3}$ — **−3** und **−2**

$\frac{99}{8} = 12\frac{3}{8}$ — **12** und **13**

$-5\frac{2}{9}$ — **−6** und **−5**

$\frac{119}{20} = 5\frac{19}{20}$ — **5** und **6**

$-2\frac{1}{6}$ — **−3** und **−2**

$-\frac{23}{17} = -1\frac{6}{17}$ — **−2** und **−1**

$-8\frac{5}{7}$ — **−9** und **−8**

$\frac{33}{15} = 2\frac{1}{5}$ — **2** und **3**

**30** a) V (3) = 3, 6, 9, 12, 15, 18, 21, 24, 27, **30** ...
V (5) = 5, 10, 15, 20, 25, **30**, 35, 40, 45 ...
V (6) = 6, 12, 18, 24, **30**, 36, 42, 48, 54 ...
} kgV(3, 5, 6) = **30**

b) kgV(3, 4, 7) = **84**

**31** Du kannst verschieden erweitern. Hier jeweils ein Beispiel.

$\frac{6}{7}$ [>] $\frac{3}{5}$ ⇒ $\frac{6}{7}$ [>] $\frac{6}{10}$

$\frac{4}{9}$ [<] $\frac{8}{17}$ ⇒ $\frac{8}{18}$ [<] $\frac{8}{17}$

→ gleicher Zähler: kleinerer Nenner ist der größere Bruch

$\frac{5}{11}$ [<] $\frac{12}{22}$ ⇒ $\frac{10}{22}$ [<] $\frac{12}{22}$

$\frac{20}{32}$ [>] $\frac{3}{8}$ ⇒ $\frac{20}{32}$ [>] $\frac{12}{32}$

→ gleicher Nenner: größerer Zähler ist der größere Bruch

**32** a) $\frac{1}{2} = \frac{3}{6}$ $\frac{2}{3} = \frac{4}{6}$ → $\frac{1}{2} < \frac{2}{3} < \frac{5}{6}$

b) $\frac{3}{8} = \frac{18}{48}$ $\frac{5}{16} = \frac{15}{48}$ $\frac{7}{24} = \frac{14}{48}$ → $\frac{7}{24} < \frac{5}{16} < \frac{3}{8}$

c) $\frac{3}{25} = \frac{12}{100}$ $16\,\% = \frac{16}{100}$ $\frac{1}{10} = \frac{10}{100}$ → $\frac{1}{10} < \frac{3}{25} < 16\,\%$

**33** Tipp: Suche das kgV der drei Nenner 10, 5 und 6: kgV(5, 6,10) = **30**

$\frac{3}{10} = \frac{9}{30}$ $\frac{3}{5} = \frac{18}{30}$ → Die Bruchzahlen liegen zwischen $\frac{9}{30}$ und $\frac{18}{30}$.

Erweitert man 6tel auf 30stel, so multipliziert sich der Zähler jeweils mit 5, also $\frac{1}{6} = \frac{5}{30}$, $\frac{2}{6} = \frac{10}{30}$, $\frac{3}{6} = \frac{15}{30}$, $\frac{4}{6} = \frac{20}{30}$

Zwischen $\frac{9}{30}$ und $\frac{18}{30}$ liegen also nur $\frac{2}{6}$ $(= \frac{10}{30})$ und $\frac{3}{6}$ $(= \frac{15}{30})$.

**34** Tipps: 1. kleinste Zahl suchen: kleiner Nenner + großer Zähler: $\frac{2}{97}$

2. größte Zahl suchen: nur eine Zahl > 1: $\frac{21}{19}$

3. Zahl nahe 1 = zweitgrößte Zahl: $\frac{46}{47}$

4. übrige Zahlen auf Nenner 48 bringen und ordnen

$\frac{1}{6} = \frac{8}{48}$ $\frac{1}{2} = \frac{24}{48}$ $\frac{3}{4} = \frac{36}{48}$ $\frac{13}{48}$ $\frac{1}{12} = \frac{4}{48}$ $\frac{2}{8} = \frac{12}{48}$

$\frac{2}{97} < \frac{1}{12} < \frac{1}{6} < \frac{2}{8} < \frac{13}{48} < \frac{1}{2} < \frac{3}{4} < \frac{46}{47} < \frac{21}{19}$

Lösung: **BRUCHZAHL**

**35** a) 6 A: 3 + 6 + 4 + 6 + 3 + 1 = 23 (Schüler insgesamt)

6 B: 2 + 8 + 6 + 4 + 1 + 3 = 24 (Schüler insgesamt)

6 C: 6 + 3 + 9 + 8 + 2 + 2 = 30 (Schüler insgesamt)

6 D: 1 + 9 + 9 + 2 + 4 + 1 = 26 (Schüler insgesamt)

6 E: 5 + 4 + 9 + 4 + 3 + 0 = 25 (Schüler insgesamt)

| 6 A | 6 B | 6 C | 6 D | 6 E |
|---|---|---|---|---|
| $\frac{3}{23} = \frac{6}{46}$ | $\frac{2}{24} = \frac{6}{72}$ | $\frac{6}{30}$ | $\frac{1}{26} = \frac{6}{156}$ | $\frac{5}{25} = \frac{1}{5} = \frac{6}{30}$ |

→ **6 C > 6 A > 6 B > 6 D**

→ **6 C = 6 E**

In **Klasse 6 C** und **6 E** ist der Anteil an 1ern am größten.

b)

| 6 A | 6 B | 6 C | 6 D | 6 E |
|---|---|---|---|---|
| $\frac{3}{23} = \frac{12}{92}$ | $\frac{1}{24} = \frac{12}{288}$ | $\frac{2}{30} = \frac{12}{180}$ | $\frac{4}{26} = \frac{12}{78}$ | $\frac{3}{25} = \frac{12}{100}$ |

→ **6 D > 6 A > 6 E > 6 C > 6 B**

In **Klasse 6 D** ist der Anteil an 5ern am größten.

c) Berechne die Notendurchschnitte aller Klassen:

6 A: $(3 \cdot 1 + 6 \cdot 2 + 4 \cdot 3 + 6 \cdot 4 + 3 \cdot 5 + 1 \cdot 6) : 23 = 72 : 23 = 3\,\frac{3}{23}$

6 B: $(2 \cdot 1 + 8 \cdot 2 + 6 \cdot 3 + 4 \cdot 4 + 1 \cdot 5 + 3 \cdot 6) : 24 = 75 : 24 = 3\,\frac{1}{8}$

6 C: $(6 \cdot 1 + 3 \cdot 2 + 9 \cdot 3 + 8 \cdot 4 + 2 \cdot 5 + 2 \cdot 6) : 30 = 93 : 30 = 3\,\frac{1}{10}$

6 D: $(1 \cdot 1 + 9 \cdot 2 + 9 \cdot 3 + 2 \cdot 4 + 4 \cdot 5 + 1 \cdot 6) : 26 = 80 : 26 = 3\,\frac{1}{13}$

**6 E**: $(5 \cdot 1 + 4 \cdot 2 + 9 \cdot 3 + 4 \cdot 4 + 3 \cdot 5 + 0 \cdot 6) : 25 = 71 : 25 = \mathbf{2\,\frac{21}{25}}$

Die **Klasse 6 E** ist die beste Klasse.
Jetzt muss man die übrigen Klassen miteinander vergleichen.

6 A: $3\,\frac{3}{23} = \mathbf{3\,\frac{12}{92}}$ $\quad 3\,\frac{1}{8} = 3\,\frac{12}{96}$ $\quad 3\,\frac{1}{10} = 3\,\frac{12}{120}$ $\quad 3\,\frac{1}{13} = 3\,\frac{12}{156}$

→ **6 A** > 6 B > 6 C > 6 D

Die **Klasse 6 A** ist insgesamt am schlechtesten.

**36**

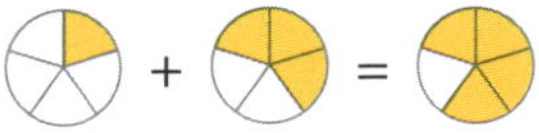

$\frac{1}{5} + \frac{3}{5} = \mathbf{\frac{4}{5}}$ 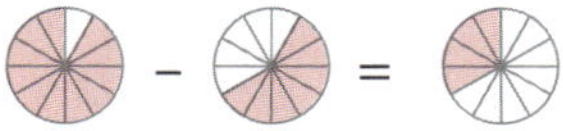 $\qquad \frac{11}{12} - \frac{7}{12} = \mathbf{\frac{4}{12} = \frac{1}{3}}$

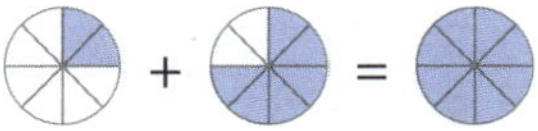

$\frac{2}{8} + \frac{6}{8} = \mathbf{\frac{8}{8} = 1}$  $\qquad \frac{5}{6} - \frac{2}{6} = \mathbf{\frac{3}{6} = \frac{1}{2}}$

**37**

$\frac{5}{18} + \frac{11}{18} = \mathbf{\frac{16}{18}} = \mathbf{\frac{8}{9}}$

$\frac{130}{250} + \frac{17}{25} = \mathbf{\frac{30}{25}} = \frac{6}{5} = \mathbf{1\,\frac{1}{5}}$

$\frac{250}{170} + \frac{13}{17} = \mathbf{\frac{38}{17}} = \mathbf{2\,\frac{4}{17}}$

$4\,\frac{7}{19} + 2\,\frac{12}{19} = \mathbf{6\,\frac{19}{19}} = \mathbf{7}$

$2\,\frac{25}{27} - 1\,\frac{7}{27} = \mathbf{1\,\frac{18}{27}} = \mathbf{1\,\frac{2}{3}}$

$5\,\frac{2}{7} - 3\,\frac{19}{28} = 4\,\frac{36}{28} - 3\,\frac{19}{28} = \mathbf{1\,\frac{17}{28}}$

$3\,\frac{5}{8} - 1\,\frac{1}{16} = 3\,\frac{10}{16} - 1\,\frac{1}{16} = \mathbf{2\,\frac{9}{16}}$

$1\,\frac{8}{11} - \frac{12}{33} = 1\,\frac{24}{33} - \frac{12}{33} = \mathbf{1\,\frac{12}{33}} = \mathbf{1\,\frac{4}{11}}$

**38** a) Bei der 1. Pizza Margherita sind noch $\frac{5}{14}$ übrig.

Bei der 2. Pizza Margherita sind noch $\frac{3}{14}$ übrig.

Bei der 1. Pizza Funghi sind noch $\frac{3}{14}$ übrig.

Bei der 2. Pizza Funghi sind noch $\frac{2}{14}$ übrig.

b) $1-\left(\frac{5}{14}+\frac{3}{14}\right)=1-\frac{8}{14}=\frac{14}{14}-\frac{8}{14}=\frac{6}{14}$ $\qquad \frac{6}{14} \triangleq$ **6 Stücke**

Es hätten noch **6 Stücke Pizza Margherita** Platz.

$1-\left(\frac{3}{14}+\frac{2}{14}\right)=1-\frac{5}{14}=\frac{14}{14}-\frac{5}{14}=\frac{9}{14}$ $\qquad \frac{9}{14} \triangleq$ **9 Stücke**

Es hätten noch **9 Stücke Pizza Funghi** Platz.

c) $\frac{5}{14}+\frac{3}{14}+\frac{3}{14}+\frac{2}{14}-\frac{7}{14}=\frac{13}{14}-\frac{7}{14}=\frac{6}{14}=\frac{3}{7}$

Es sind $\frac{3}{7}$ einer ganzen Pizza übrig.

**39**

| $\frac{5}{15}$ | $\frac{9}{15}=\frac{3}{5}$ | $\frac{1}{15}$ |
|---|---|---|
| $\frac{1}{15}$ | $\frac{1}{3}=\frac{5}{15}$ | $\frac{9}{15}=\frac{3}{5}$ |
| $\frac{3}{5}=\frac{9}{15}$ | $\frac{1}{15}$ | $\frac{5}{15}$ |

| $\frac{9}{33}=\frac{3}{11}$ | $\frac{13}{33}$ | $\frac{11}{33}=\frac{1}{3}$ |
|---|---|---|
| $\frac{13}{33}$ | $\frac{1}{3}=\frac{11}{33}$ | $\frac{3}{11}=\frac{9}{33}$ |
| $\frac{11}{33}=\frac{1}{3}$ | $\frac{9}{33}=\frac{3}{11}$ | $\frac{13}{33}$ |

**40** a) $\frac{3}{5}\,l+\frac{1}{3}\,l+\frac{1}{6}\,l=\frac{18}{30}\,l+\frac{10}{30}\,l+\frac{5}{30}\,l=\frac{33}{30}\,l=1\,\frac{3}{30}\,l=1\,\frac{1}{10}\,l$

Sie erhält $1\,\frac{1}{10}$ **l** Kinderpunsch.

b) $\frac{250}{1100}=\frac{25}{110}=\frac{5}{22}$ In jeder Tasse befinden sich $\frac{5}{22}$ der Gesamtmenge.

**41** a) $\frac{1}{5}+\frac{1}{3}+\frac{1}{6}=\frac{6}{30}+\frac{10}{30}+\frac{5}{30}=\frac{21}{30}=\frac{7}{10}$ $\qquad \rightarrow 1-\frac{7}{10}=\frac{10}{10}-\frac{7}{10}=\frac{3}{10}$

Tim kann jeden Monat nur $\frac{3}{10}$ seines Taschengeldes sparen. Er hat **nicht richtig** gerechnet.

b) $\frac{5}{9}$ von 180 € = (180 € : 9) · 5 = **100 €** $\frac{3}{10}$ von 30 € = (30 € : 10) · 3 = **9 €**

180 € – 100 € = 80 € 80 € : 9 € = **8 Rest 8** → **9 Monate**

Tim muss **9 Monate** lang sparen.

**42** a) $1\frac{3}{5}\text{t} - \frac{3}{4}\text{t} + 1\frac{1}{3}\text{t} - \frac{1}{2}\text{t} = \left(1\frac{3}{5}\text{t} + 1\frac{1}{3}\text{t}\right) - \left(\frac{3}{4}\text{t} + \frac{1}{2}\text{t}\right) =$

$\left(1\frac{9}{15}\text{t} + 1\frac{5}{15}\text{t}\right) - \left(\frac{3}{4}\text{t} + \frac{2}{4}\text{t}\right) = 2\frac{14}{15}\text{t} - \frac{5}{4}\text{t} = 2\frac{14}{15}\text{t} - 1\frac{1}{4}\text{t} =$

$2\frac{56}{60}\text{t} - 1\frac{15}{60}\text{t} = \mathbf{1\frac{41}{60}\,t}$

Die Sachen von Peter haben insgesamt eine Masse von $\mathbf{1\frac{41}{60}\,t}$.

b) Bei der Schwester wird weniger ausgeladen, als im Möbelgeschäft wieder eingeladen wird ($\frac{3}{4}\text{t} < 1\frac{1}{3}\text{t}$). Danach wird nur noch ausgeladen.
→ Der LKW ist nach dem Möbelgeschäft am schwersten beladen:

$1\frac{3}{5}\text{t} - \frac{3}{4}\text{t} + 1\frac{1}{3}\text{t} = 1\frac{12}{20}\text{t} - \frac{15}{20}\text{t} + 1\frac{1}{3}\text{t} = \frac{32}{20}\text{t} - \frac{15}{20}\text{t} + 1\frac{1}{3}\text{t} =$

$\frac{17}{20}\text{t} + 1\frac{1}{3}\text{t} = \frac{51}{60}\text{t} + 1\frac{20}{60}\text{t} = 1\frac{71}{60}\text{t} = \mathbf{2\frac{11}{60}\,t}$

$3\frac{1}{2}\text{t} - 2\frac{11}{60}\text{t} = 3\frac{30}{60}\text{t} - 2\frac{11}{60}\text{t} = \mathbf{1\frac{19}{60}\,t}$

Somit darf der LKW (inklusiv aller Personen) maximal $\mathbf{1\frac{19}{60}\,t}$ wiegen.

**43**

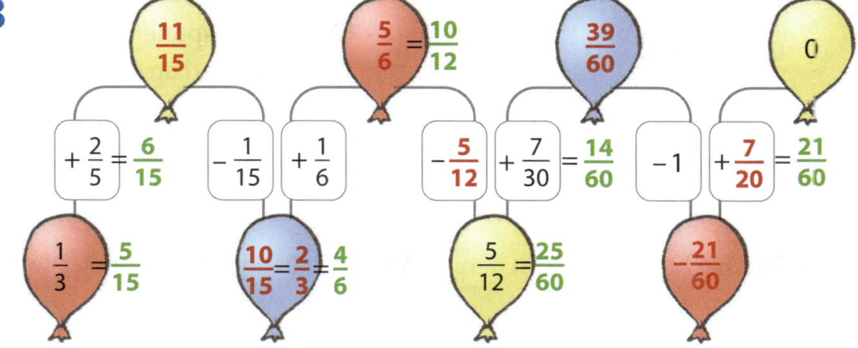

**44** 0,91 → **z**　　90,1 → **Z**　　9,01 → **E**

1,09 → **h**　　1,0090 → **t**　　0,00019 → **ht**

**45** (z) 21**,**73　　(H) 2173**0**　　(h) 1**,**9765　　(t) 34**,**5678

**46**

| | Z | E | , | z | h | t | Dezimalzahl | als Addition/gemischte Zahl |
|---|---|---|---|---|---|---|---|---|
| a) | **4** | **6** | **,** | **8** | | | **46,8** | $46 + \frac{8}{10} = \mathbf{46\,\frac{8}{10}} = \mathbf{46\,\frac{4}{5}}$ |
| b) | | **0** | **,** | **2** | **8** | | **0,28** | $\frac{2}{10} + \frac{8}{100} = \mathbf{\frac{28}{100}} = \mathbf{\frac{7}{25}}$ |
| c) | | **6** | **,** | **4** | **0** | **5** | **6,405** | $6 + \frac{4}{10} + \frac{5}{1000} = \mathbf{\frac{6405}{1000}} = \mathbf{6\,\frac{81}{200}}$ |

**47** a) Dicke eines Haares: $5 \cdot 10^{-2}$ mm = **0,05 mm**

b) $10^{-2} = \mathbf{0{,}01}$　　$0{,}1 = \mathbf{10^{-1}}$

$10^{-4} = \mathbf{0{,}0001}$　　$0{,}0002 = \mathbf{2 \cdot 10^{-4}}$

$9 \cdot 10^{-6} = \mathbf{0{,}000009}$　　$3{,}03 = \mathbf{303 \cdot 10^{-2}}$

$44 \cdot 10^{-2} = \mathbf{0{,}44}$　　$0{,}072 = \mathbf{72 \cdot 10^{-3}}$

c) 0,05 mm · ? = 1 mm

? = 1 mm : 0,05 mm = 100 mm : 5 mm = **20**

**20 Haare** nebeneinander ergeben 1 mm.

**48** a) $48 \cdot 10^{-1} = 0{,}48$　**falsch** → $\mathbf{\frac{48}{10} = 4{,}8}$ → Beachte: $\frac{40}{10} = \frac{4}{1} = 4$

b) 0,408 = 0,48　**falsch** → nur Nullen am Ende dürfen wegfallen.

c) 0,48 = 0,4800　**richtig** → Nullen am Ende verändern die Zahl nicht.

d) $0{,}00048 = 48 \cdot 10^{-3}$　**falsch** → $\mathbf{= 48 \cdot 10^{-5}}$ → Der Exponent gibt die Anzahl der Dezimalen an.

**49**

| Theo | | Andi | | Tim | | Stefan |
|---|---|---|---|---|---|---|
| 2,98 | < | 3,02 | < | 3,18 | < | 3,81 |

**Stefan** machte den **1.**, **Tim** den **2.**, **Andi** den **3.** und **Theo** den **4. Platz**.

| Lara | | Anna | | Susi | | Lea |
|---|---|---|---|---|---|---|
| 15,29 | < | 15,81 | < | 15,92 | < | 16,29 |

**Lara** machte den **1.**, **Anna** den **2.**, **Susi** den **3.** und **Lea** den **4. Platz**.

**50**

| | | | | | | | | |
|---|---|---|---|---|---|---|---|---|
| 2,85 | > | 2,58 | 0,6435 | < | 0,6453 | 1,101 | > | 1,011 |
| 3,05 | < | 3,50 | −2,75 | < | −2,745 | −0,1765 | < | 0,1766 |
| 41,4 | > | 4,14 | −77,07 | > | −707,7 | 39,84 | > | −3,994 |

**51**

| | | | | | | | | |
|---|---|---|---|---|---|---|---|---|
| 4,2 | **4,5** | 4,8 | 3,64 | **3,76** | 3,88 | 10,0 | **10,25** | 10,5 |
| −3,8 | **−3,7** | −3,6 | −0,05 | **−0,075** | −0,10 | −1,448 | **−1,468** | −1,488 |

**52** **2,39; 2,40; 2,41; 2,42; 2,43 … 3,42; 3,43; 3,44; 3,45; 3,46; 3,47; 3,48**

Es gibt von diesen Zahlen **110**.

**53**

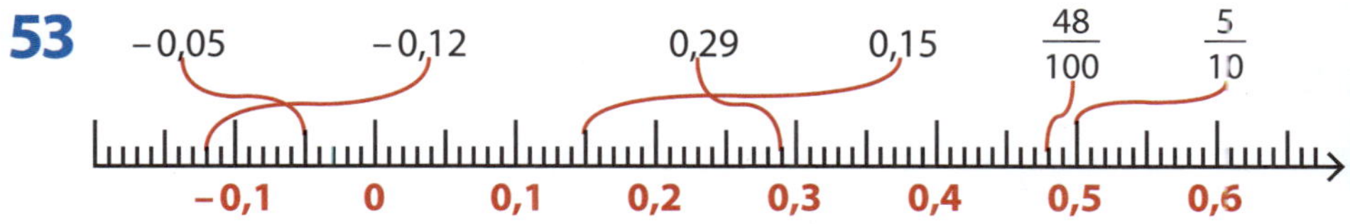


**54**

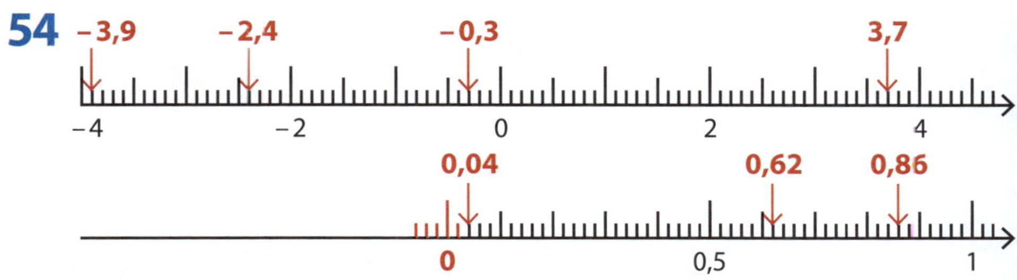


**55**

| | | |
|---|---|---|
| (z) 2,8547 ≈ **2,9** | (h) 28,6093 ≈ **28,61** | (zt) 0,04001 ≈ **0,0400** |
| (z) 6,96 ≈ **7,0** | (h) 0,4928 ≈ **0,49** | (t) 6,3997 ≈ **6,400** |

**56** b) 5,4321 km (→ m) = **5432,1 m ≈ 5432 m**

c) 0,0447 kg (→ g) = **44,7 g ≈ 45 g**

d) 89,5555 dm (→ mm) = **8955,55 mm ≈ 8956 mm**

e) 0,49980 t (→ kg) = **499,8 kg ≈ 500 kg**

**57**

| | kleinste Zahl | größte Zahl |
|---|---|---|
| 3,4 | 3,350 | 3,449 |
| 10,8 | **10,750** | **10,849** |
| 0,55 | **0,545** | **0,554** |

| | kleinste Zahl | größte Zahl |
|---|---|---|
| –1,8 | **–1,849** | **–1,750** |
| –4,75 | **–4,754** | **–4,745** |
| –7 | **–7,499** | **–6,500** |

**58**

| | Bruch | $\frac{1}{2}$ | $\frac{1}{3}$ (eingekreist) | $\frac{1}{4}$ | $\frac{1}{5}$ | $\frac{1}{8}$ | $\frac{1}{9}$ (eingekreist) |
|---|---|---|---|---|---|---|---|
| b) | Dezimalzahl | **0,5** | **$0,\overline{3}$** | **0,25** | **0,2** | **0,125** | **$0,\overline{1}$** |

(a) steht vor der Zeile „Bruch“.)

c)

$\frac{1}{20} = 1 : 20 =$ **0,05**

$\frac{42}{5} = 42 : 5 =$ **8,4**
```
  42 : 5 = 8,4
- 40
   20   (Komma)
 - 20
    0
```

$\frac{820}{8} = 820 : 8 =$ **102,5**
```
  820 : 8 = 102,5
- 8
  020
 - 16
    40   (Komma)
  - 40
     0
```

$\frac{9}{15} = 9 : 15 =$ **0,6**
```
  9 : 15 = 0,6
  90   (Komma)
- 90
   0
```

$\frac{17}{3} = 17 : 3 =$ **$5,\overline{6}$**
```
  17 : 3 = 5,6̅
- 15
   20   (Komma)
 - 18
    20 ...
```

$\frac{494}{9} = 494 : 9 =$ **$54,\overline{8}$**
```
  494 : 9 = 54,8̅
- 45
   44
 - 36
    80   (Komma)
  - 72
    80 ...
```

**59**

$\frac{9}{12} = \frac{3}{4}$ — $\frac{12}{48} = \frac{1}{4}$ — $\frac{3}{2} = 1\frac{1}{2}$ — $\frac{21}{5} = 4\frac{1}{5}$ — $\frac{3}{9} = \frac{1}{3}$ — $\frac{3}{90} = \frac{1}{30}$

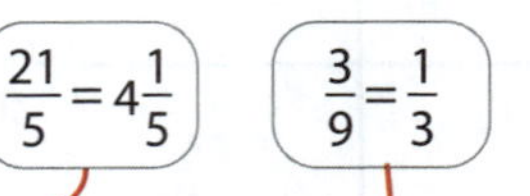
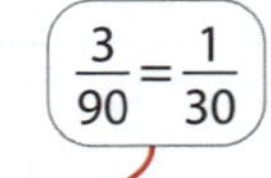

1,5 — $0,0\overline{3}$ — 4,2 — 0,75 — $0,\overline{3}$ — 0,25

**60**

| | wahr | falsch |
|---|---|---|
| $\frac{33}{22}$ lässt sich zu $\frac{3}{2} = 1{,}5$ kürzen. Der Nenner 2 ist nie ein periodischer Dezimalbruch. | | × |
| $3 : 11 = 0{,}272727... = 0{,}\overline{27}$ | × | |
| Lässt sich der Faktor 3 im Nenner kürzen, entspricht der Bruch einem endlichen Dezimalbruch: $\frac{39}{6} = \frac{13}{2} = 6{,}5$ | | × |

**61** **Das stimmt!** Durch größere Ziffern nach dem Komma oder durch eine weitere Dezimale nähert sich die Zahl immer noch weiter der 1 an: $0{,}8994 < 0{,}999 < 0{,}9999 < 0{,}99999...$

**62**

| gemischte Zahl | $4\frac{1}{2}$ | $2\frac{2}{3}$ | $1\frac{9}{4}$ | $10\frac{4}{5}$ | $1\frac{7}{8}$ | $3\frac{1}{9}$ |
|---|---|---|---|---|---|---|
| Dezimalzahl | **4,5** | **$2{,}\overline{6}$** | **3,25** | **10,8** | **1,875** | **$3{,}\overline{1}$** |

**63**

| | Zahl | E | , | z | h | t | Bruch mit Stufenzahl | Bruch gekürzt |
|---|---|---|---|---|---|---|---|---|
| a) | 2,4 | **2** | **,** | **4** | | | $\frac{24}{10}$ | $\mathbf{\frac{12}{5} = 2\frac{2}{5}}$ |
| b) | **2,01** | **2** | **,** | **0** | **1** | | $\mathbf{\frac{201}{100}}$ | $\mathbf{2\frac{1}{100}}$ |
| c) | **0,002** | **0** | **,** | **0** | **0** | **2** | $\mathbf{\frac{2}{1000}}$ | $\mathbf{\frac{1}{500}}$ |
| d) | **0,25** | **0** | **,** | **2** | **5** | | $\mathbf{\frac{25}{100}}$ | $\mathbf{\frac{1}{4}}$ |
| e) | **8,305** | **8** | **,** | **3** | **0** | **5** | $\mathbf{\frac{8305}{1000}}$ | $\mathbf{8\frac{61}{200}}$ |

**64** $2{,}244 = 2\frac{244}{1000} = \mathbf{2\frac{61}{250}}$

$10{,}08 = 10\frac{8}{100} = \mathbf{10\frac{2}{25}}$

$8{,}9040 = 8\frac{9040}{10000} = 8\frac{904}{1000} = \mathbf{8\frac{113}{125}}$

**65** a) $\frac{1}{9} = 1:9 = \mathbf{0{,}\overline{1}}$ $\frac{4}{9} = 4:9 = \mathbf{0{,}\overline{4}}$ $\frac{7}{9} = 7:9 = \mathbf{0{,}\overline{7}}$

Die periodische Dezimale entspricht dem Zähler des Neunerbruchs.

$\frac{5}{9} = \mathbf{0{,}\overline{5}}$ und $\frac{8}{9} = \mathbf{0{,}\overline{8}}$

b) $\frac{1}{99} = 1:99 = \mathbf{0{,}\overline{01}}$ $\frac{14}{99} = 14:99 = \mathbf{0{,}\overline{14}}$ $\frac{23}{99} = 23:99 = \mathbf{0{,}\overline{23}}$

Die periodischen Dezimalen (Periodenlänge 2) entsprechen dem Zähler des zweistelligen Neunerbruchs (Nenner = 99). Bei einstelligen Zahlen im Zähler wird bei der Dezimale eine Null vorangestellt.

$\frac{5}{99} = \mathbf{0{,}\overline{05}}$ und $\frac{19}{99} = \mathbf{0{,}\overline{19}}$

c) $\frac{123}{999} = 123:999 = 0{,}\overline{123}$

```
 123 : 999 = 0,123
-  999
  2310
 -1998
   3120
  -2997
    123
```

Auch hier gilt: Die periodischen Dezimalen entsprechen der Zahl des Zählers.

d) $0{,}\overline{6} = \frac{6}{9}$ oder $\mathbf{\frac{2}{3}}$ $0{,}\overline{246} = \frac{246}{999}$ oder $\mathbf{\frac{82}{333}}$

Der Nenner ist ein Neunerbruch, wobei die Anzahl der Neuner der Periodenlänge des Dezimalbruchs entspricht. Der Zähler entspricht den Dezimalen. In diesen Fällen können die Brüche noch gekürzt werden.

e) $0{,}\overline{9} = \frac{9}{9} = 1$

$0{,}\overline{9}$ ist also eine andere Darstellung der Zahl 1. Man kann sich hier überlegen, wie viel zur 1 fehlt: Da bei 0,9999... unendlich oft noch eine 9 dazukommt, muss auch bei der zu ergänzende Zahl unendlich oft eine 0 ergänzt werden, also 0,0000... Somit fehlt nichts zur 1 und die Gleichung $0{,}\overline{9} = 1$ stimmt!

**66** 0,1 = 10 % **r** 0,2 = 2 % **f: 0,2 = 20 %** $\frac{4}{9} = 8\,\%$ **f:** $\mathbf{0{,}\overline{4} = 44{,}\overline{4}\,\%}$

0,876 = 87,6 % **r** 50 % = 0,5000 **r** 17 % = 0,107 **f: 0,17**

**67** a) $6\,\% = \mathbf{0{,}06} = \frac{6}{100} = \mathbf{\frac{3}{50}}$ b) $20{,}2\,\% = \mathbf{0{,}202} = \frac{202}{1000} = \mathbf{\frac{101}{500}}$

**68** a) Gefälle ≙ 173 %  $173\,\% = \mathbf{1{,}73} = \mathbf{1\,\frac{73}{100}}$

b) Das Gefälle entspricht einem Neigungswinkel von ca. **60 Grad**.

**69**

$$\begin{array}{r} 2{,}459 \\ +\,14{,}062 \\ \hline \mathbf{16{,}521} \end{array} \qquad \begin{array}{r} 3{,}340 \\ -\,0{,}005 \\ \hline \mathbf{3{,}335} \end{array} \qquad \begin{array}{r} 0{,}803 \\ +\,8{,}207 \\ \hline \mathbf{9{,}010} \end{array} \qquad \begin{array}{r} 9{,}010 \\ -\,1{,}450 \\ \hline \mathbf{7{,}560} \end{array} \qquad \begin{array}{r} 7{,}560 \\ -\,3{,}530 \\ \hline \mathbf{4{,}030} \end{array} \qquad \begin{array}{r} 3{,}48 \\ +\,0{,}05 \\ \hline \mathbf{3{,}53} \end{array}$$

**70** Überschlag: 6 € + 3 € + 5 € + 7 € + 15 € = **36 €**

$$\begin{array}{r} 5{,}80\ € \\ 3{,}45\ € \\ 4{,}84\ € \\ 7{,}38\ € \\ +\,15{,}45\ € \\ \hline \mathbf{36{,}92\ €} \end{array} \qquad \begin{array}{r} 40{,}00\ € \\ -\,36{,}92\ € \\ \hline \mathbf{3{,}08\ €} \end{array}$$

Sie erhalten **3 € 8 ct** zurück.

**71** a)

| | 6,8 | |
|---|---|---|
| 5,12 | **1,68** | |
| 3,45 | 1,67 | **0,01** |

| | **– 3,65** | |
|---|---|---|
| **0,85** | – 4,5 | |
| 3,45 | **– 2,6** | – 1,90 |

b)

| | **25** | |
|---|---|---|
| 5,12 | **19,88** | |
| 3,45 | 1,67 | **18,21** |

**72** a)

$$\begin{array}{r} 345{,}85\ € \\ 48{,}95\ € \\ +\,276{,}74\ € \\ \hline \mathbf{671{,}54\ €} \end{array}$$

b) 3 % von 671,54 €

$= \frac{3}{100}$ von 671,54 €

= (67154 ct : 100) · 3 = 2014,62 ct

= 2014,62 ct ≈ **20,15 €**

$$\begin{array}{r} 671{,}54\ € \\ -\ \ 20{,}15\ € \\ \hline \mathbf{651{,}39\ €} \end{array}$$

a) Die Rechnung beträgt **671,54 €**.

b) Die Eltern müssen nur **651,39 €** bezahlen.

**73** a) $y + 2{,}45 = 6{,}78$

$y = 6{,}78 - 2{,}45$

$y = \mathbf{4{,}33}$

b) $-3{,}88 + x = -2{,}85$

$x = -2{,}85 + 3{,}88$

$x = \mathbf{1{,}03}$

c) $10{,}075 + z = 4{,}675$
$z = 4{,}675 - 10{,}075$
$z = \mathbf{-5{,}4}$

d) $10{,}075 - x = 12{,}00$
$x = 10{,}075 - 12{,}00$
$x = \mathbf{-1{,}925}$

**74** a)

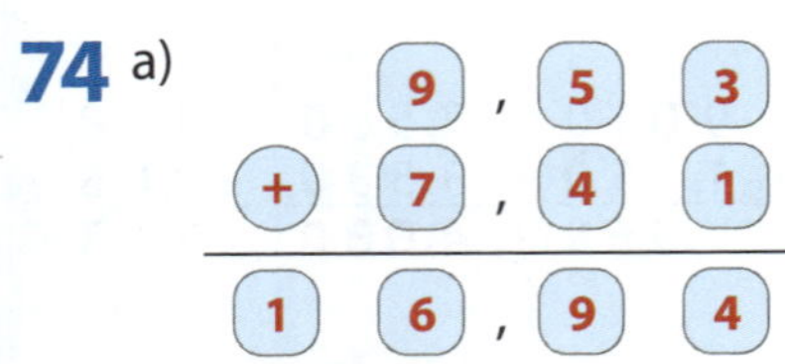


Die Ziffern können beim gleichen Stellenwert auch vertauscht stehen. Das Ergebnis ist gleich.

b)

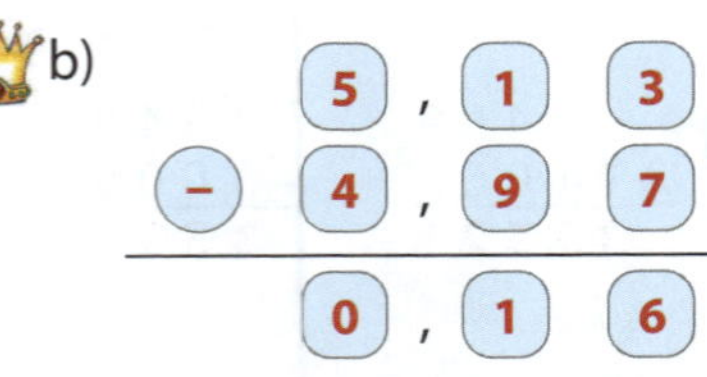


Diese beiden Zahlen liegen am nächsten beieinander. Somit ist ihre Differenz am kleinsten.

**75** a)

–1,05 | 0,144 | 0,05 | 0,0406 | 0,856

0,3774 | 0,95 | 0,6336 | 2,05 | 0,9594

b)

**0,05** + **0,377** | **0,0406** + **0,144**

**0,05** + **0,144** | **0,0406** + **0,3774**

**76** a) $\frac{2}{3} \cdot \frac{3}{5} = \frac{2 \cdot 3}{3 \cdot 5} = \mathbf{\frac{2}{5}}$

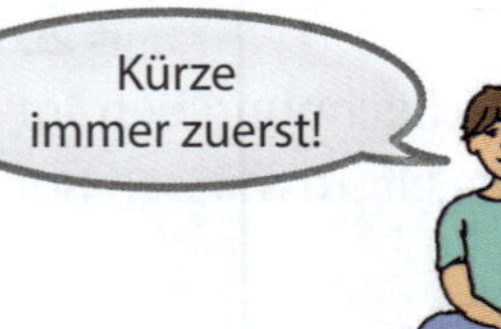


b) $\frac{12}{21} : \frac{2}{3} = \frac{12}{21} \cdot \frac{3}{2} = \frac{12 \cdot 3}{21 \cdot 2} = \frac{6 \cdot 1}{7 \cdot 1} = \mathbf{\frac{6}{7}}$

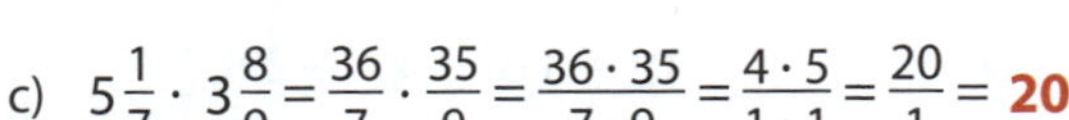

c) $5\frac{1}{7} \cdot 3\frac{8}{9} = \frac{36}{7} \cdot \frac{35}{9} = \frac{36 \cdot 35}{7 \cdot 9} = \frac{4 \cdot 5}{1 \cdot 1} = \frac{20}{1} = \mathbf{20}$

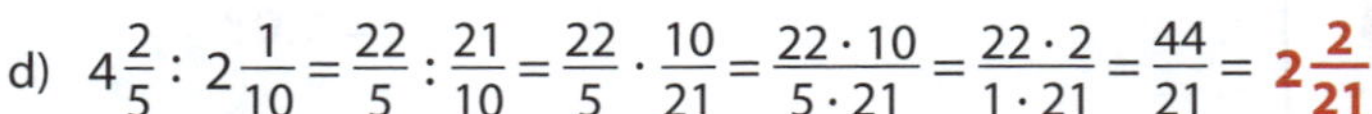

d) $4\frac{2}{5} : 2\frac{1}{10} = \frac{22}{5} : \frac{21}{10} = \frac{22}{5} \cdot \frac{10}{21} = \frac{22 \cdot 10}{5 \cdot 21} = \frac{22 \cdot 2}{1 \cdot 21} = \frac{44}{21} = \mathbf{2\frac{2}{21}}$

e) $\frac{3}{7} \cdot 4\frac{1}{6} = \frac{3}{7} \cdot \frac{25}{6} = \frac{3 \cdot 25}{7 \cdot 6} = \frac{1 \cdot 25}{7 \cdot 2} = \frac{25}{14} = \mathbf{1\frac{11}{14}}$

**77** $\dfrac{\frac{1}{3}}{\frac{7}{8}} = \frac{1}{3} : \frac{7}{8} = \frac{1}{3} \cdot \frac{8}{7} = \frac{8}{3 \cdot 7} = \mathbf{\frac{8}{21}}$ $\quad \dfrac{\frac{3}{4}}{8\frac{1}{8}} = \frac{3}{4} : 8\frac{1}{8} = \frac{3}{4} : \frac{65}{8} = \frac{3 \cdot 8}{4 \cdot 65} = \frac{3 \cdot 2}{65} = \mathbf{\frac{6}{65}}$

**78**

| | $\mathbf{4\frac{2}{27}}$ | |
|---|---|---|
| $\mathbf{8\frac{4}{27}}$ | $\frac{1}{2}$ | |
| $2\frac{4}{9}$ | $3\frac{1}{3}$ | $\mathbf{\frac{3}{20}}$ |

$2\frac{4}{9} \cdot 3\frac{1}{3} = \frac{22}{9} \cdot \frac{10}{3} = \frac{220}{27} = \mathbf{8\frac{4}{27}}$

$\frac{1}{2} : 3\frac{1}{3} = \frac{1}{2} : \frac{10}{3} = \frac{1 \cdot 3}{2 \cdot 10} = \mathbf{\frac{3}{20}}$

$8\frac{4}{27} \cdot \frac{1}{2} = \frac{220}{27} \cdot \frac{1}{2} = \frac{110}{27} \cdot \frac{1}{1} = \frac{110}{27} = \mathbf{4\frac{2}{27}}$

**79** a) $2\frac{1}{5} \cdot \square = \frac{11}{3} \Rightarrow \frac{11}{5} \cdot \square = \frac{11}{3} \Rightarrow \frac{11}{3} : \frac{11}{5} = \boxed{\mathbf{\frac{5}{3}}}$

b) $\square : \frac{5}{8} = 2\frac{1}{2} \Rightarrow \square = \frac{5}{2} \cdot \frac{5}{8} \Rightarrow \square = \frac{25}{16} = \boxed{\mathbf{1\frac{9}{16}}}$

c) $3\frac{6}{7} : \square = 27 \Rightarrow \frac{27}{7} : \frac{27}{1} = \square \Rightarrow \frac{27}{7} \cdot \frac{1}{27} = \boxed{\mathbf{\frac{1}{7}}}$

d) $\square \cdot \frac{5}{4} = 1 \Rightarrow \square = 1 : \frac{5}{4} \Rightarrow \square = 1 \cdot \frac{4}{5} = \boxed{\mathbf{\frac{4}{5}}}$

**80** b) $\frac{7}{9}$ von $\frac{3}{4}$ h $= \frac{7}{9} \cdot \frac{3}{4}$ h $= \frac{7 \cdot 3}{9 \cdot 4}$ h $= \frac{7 \cdot 1}{3 \cdot 4}$ h $= \mathbf{\frac{7}{12}}$ **h**

c) $\frac{3}{5}$ von $\frac{1}{6}$ m $= \frac{3}{5} \cdot \frac{1}{6}$ m $= \frac{3 \cdot 1}{5 \cdot 6}$ m $= \frac{1 \cdot 1}{5 \cdot 2}$ m $= \mathbf{\frac{1}{10}}$ **m**

d) $\frac{5}{4}$ von $\frac{1}{2}$ kg $= \frac{5}{4} \cdot \frac{1}{2}$ kg $= \frac{5 \cdot 1}{4 \cdot 2}$ kg $= \mathbf{\frac{5}{8}}$ **kg**

**81** $\frac{24}{25}$ von 5 l $= \frac{24}{25} \cdot 5$ l $= \frac{24 \cdot 5}{25}$ l $= \frac{24 \cdot 1}{5}$ l $= \mathbf{\frac{24}{5}}$ **l** (Inhalt einer Eimerfüllung)

120 l $: \frac{24}{5}$ l $= \frac{120}{1}$ l $: \frac{24}{5}$ l $= \frac{120}{1} \cdot \frac{5}{24} = \frac{120 \cdot 5}{24} = \frac{5 \cdot 5}{1} = \mathbf{25}$

Lea muss **25 Mal** gehen, um das Planschbecken zu füllen.

**82** a) $\frac{1}{4}$ von $\frac{5}{9} = \frac{1}{4} \cdot \frac{5}{9} = \mathbf{\frac{5}{36}}$ $\quad$ $\mathbf{\frac{5}{36}}$ der Karten sind Eichel-Zahlenkarten.

b) $\frac{5}{9} \triangleq$ Zahlenkarten $\Rightarrow$ $\frac{4}{9} \triangleq$ Bildkarten $\quad$ $\frac{1}{4}$ von $\frac{4}{9} = \frac{1}{4} \cdot \frac{4}{9} = \frac{1 \cdot 4}{4 \cdot 9} = \mathbf{\frac{1}{9}}$

$\frac{1}{9}$ von $36 = 36 : 9 = \mathbf{4}$ $\quad$ Es gibt **4 Herz-Bildkarten**.

**83** Das Wasser steht im Schwimmbad auf Lisas Schulterhöhe. Lisas Schultern sind laut Zeichnung auf $\frac{4}{5}$ ihrer Größe. Somit sind $\frac{4}{5}$ ihrer Größe genau so hoch wie die Höhe des Wassers.

$\frac{4}{5} \cdot \square = \frac{9}{10}\text{ m} \Rightarrow \square = \frac{9}{10}\text{ m} : \frac{4}{5} = \frac{9 \cdot 5}{10 \cdot 4}\text{ m} = \frac{9}{2 \cdot 4}\text{ m} = \mathbf{\frac{9}{8}\text{ m}}$

$\Rightarrow \frac{9}{8} \cdot 100\text{ cm} = 900\text{ cm} : 8 = 9000\text{ mm} : 8 = \mathbf{1125\text{ mm}} = \mathbf{112{,}5\text{ cm}}$

Lisa ist **112,5 cm** groß.

**84** a) $\left(\frac{1}{4}\right)^3 = \frac{1}{4} \cdot \frac{1}{4} \cdot \frac{1}{4} = \mathbf{\frac{1}{64}}$ $\quad$ b) $\left(\frac{2}{3}\right)^4 = \frac{2}{3} \cdot \frac{2}{3} \cdot \frac{2}{3} \cdot \frac{2}{3} = \mathbf{\frac{16}{81}}$

c) $\left(1\frac{2}{3}\right)^{-2} = \left(\frac{5}{3}\right)^{-2} = \left(\frac{3}{5}\right)^2 = \mathbf{\frac{9}{25}}$

**85** $\left(2\frac{2}{5}\right)^3 = \left(\frac{12}{5}\right)^3 = \frac{12 \cdot 12 \cdot 12}{5 \cdot 5 \cdot 5} = \frac{1728}{125} = \mathbf{13\frac{103}{125}} = \mathbf{13{,}824}$

$\left(\frac{7}{10}\right)^2 = \frac{7 \cdot 7}{10 \cdot 10} = \mathbf{\frac{49}{100}} = \mathbf{0{,}49}$

$\left(\frac{1}{2}\right)^5 = \frac{1 \cdot 1 \cdot 1 \cdot 1 \cdot 1}{2 \cdot 2 \cdot 2 \cdot 2 \cdot 2} = \mathbf{\frac{1}{32}} = \mathbf{0{,}03125}$

$5^{-2} = \frac{1}{5^2} = \frac{1}{5 \cdot 5} = \mathbf{\frac{1}{25}} = \mathbf{0{,}04}$

$10^{-4} = \frac{1}{10^4} = \mathbf{\frac{1}{10000}} = \mathbf{0{,}0001}$

$\left(\frac{3}{4}\right)^{-2} = \left(\frac{4}{3}\right)^2 = \frac{4 \cdot 4}{3 \cdot 3} = \frac{16}{9} = \mathbf{1\frac{7}{9}} = \mathbf{1{,}\overline{7}}$

**86**

| $a^b$ Exponent → <br> Basis ↓ | 2 | 3 | −2 |
|---|---|---|---|
| $\frac{1}{2}$ | $\left(\frac{1}{2}\right)^2 = \frac{1}{4}$ | $\frac{1}{8}$ | 4 |
| $\frac{2}{3}$ | $\frac{4}{9}$ | $\frac{8}{27}$ | $\frac{9}{4} = 2\frac{1}{4}$ |
| $2\frac{4}{5}$ | $\frac{196}{25} = 7\frac{21}{25}$ | $\frac{2744}{125} = 21\frac{119}{125}$ | $\frac{25}{196}$ |
| $1\frac{1}{4}$ | $\frac{25}{16} = 1\frac{9}{16}$ | $1\frac{61}{64}$ | $\frac{16}{25}$ |

**87**

| | wahr | falsch |
|---|---|---|
| $3^a$ ist immer größer als 3. **für $a \leq 1 \Rightarrow 3^a \leq 3$ (z. B. $3^1 = 3$)** | | × |
| $a^2$ ist immer größer als a. **für $0 \leq a \leq 1 \Rightarrow a^2 \leq a$ (z. B. $0{,}5^2 < 0{,}5$)** | | × |
| $a^{-2}$ ist immer positiv, wenn a positiv ist. | × | |
| $a^{-3}$ ist immer kleiner als 1. **für $0 < a \leq 1 \Rightarrow a^{-3} \geq 1$ (z. B. $0{,}5^{-3} > 1$)** | | × |
| $a^3$ ist immer negativ, wenn a negativ ist. | × | |
| $a^0$ ist immer 1. | × | |

**88**

a)
```
3 · 5,42
    15
     12
      6
  16,26
```

b)
```
4,55 · 8,7
   3640
    3185
  39,585
```

c)
```
0,9 · 3,40
     27
      360
    3,060 = 3,06
```

d)
```
0,03 · 1,5
     003
       15
    0,045
```

e)
```
7,3 · 3,7
   219
    511
  27,01
```

Beachte vor allem die Nullen!

**89** a) 2,34 · 10 = **23,4**     2,334 · 100 = **233,4**

0,34 · 1000 = **340**     7,8976 · 1000 = **7897,6**

b) Regel: Multipliziert man einen Dezimalbruch mit einer Stufenzahl, so **verschiebt sich das Komma um die Anzahl der Nullen der Stufenzahl nach rechts.**

**90** $0{,}045 \cdot 10^3 = 45$ $9{,}38 \cdot 10^2 = 938$

$7{,}030 \cdot 10^2 = 703$ $0{,}0434 \cdot 10^4 = 434$

**91**

| 9, | 4 | · | ~~3~~ 0 (3) |
|---|---|---|---|
| | 2 | 8, | 2 | 0 |

| ~~2, 4~~ (24) | · | 3, | 8 |
|---|---|---|---|
| | 7 | 2 | |
| | 1 | 9 | 2 |
| | 9 | 1, | 2 |

| 4 | 8, | 3 | 2 | · | 2, | 0 | 4 |
|---|---|---|---|---|---|---|---|
| | | 9 | 6 | 6 | 4 | | |
| | | | | | | 0 | |
| | | | 1 | 9 | 3 | 2 | 8 |
| | | ~~9~~ | ~~8~~ | ~~5,~~ | ~~7~~ | ~~2~~ | ~~8~~ |

98,5728

**92** $0{,}04 \cdot 7{,}2$
28
8
**0,288**

$225 \cdot 0{,}005$
**1,125**

$(-3{,}8) \cdot 4{,}5$
152
190
**−17,10 = −17,1**

$(-0{,}8) \cdot (-0{,}8)$
**0,64**

Erinnere dich:
minus · minus = plus

Wandle zunächst um:
37,8 % ≙ **0,378**

$0{,}378 \cdot (-2{,}3)$
756
1134
**−0,8694**

$\frac{1}{4} = 0{,}25$

$(-3{,}4) \cdot 0{,}25$
68
170
**−0,850 = −0,85**

**93** $10 \cdot 2{,}54\,\text{cm} = 25{,}4\,\text{cm}$

10 % ≙ **0,1**
$25{,}4\,\text{cm} \cdot 0{,}1$
**2,54 cm**

25,40 cm
\+ 2,54 cm
**27,94 cm**

Die Diagonale der Tasche muss **27,94 cm** lang sein.

**94** $0{,}34\,\text{km/s} \cdot 8\,\text{s} =$ **2,72 km**

Das Gewitter ist ca. **2,72 km** entfernt.

**95** a) Überschlag – gerundet auf €
$2\,€ + 4\,€ + 5\,€ + 5\,€ = \mathbf{16\,€}$

Alle Preise sind aufgerundet. Trotzdem reicht das Geld voraussichtlich knapp **nicht**.

b) $150\text{ g} = 1{,}5 \cdot 100\text{ g}$
$\rightarrow 1{,}5 \cdot 1{,}02\,€$
(Preis für den Leberkäse)

$$\begin{array}{r} 1{,}5 \cdot 1{,}02\,€ \\ \hline 15 \\ 30 \\ \hline \mathbf{1{,}530\,€} \end{array} \qquad \begin{array}{r} 2 \cdot 1{,}81\,€ \\ \hline 2 \\ 162 \\ \hline \mathbf{3{,}62\,€} \end{array}$$

$$\begin{array}{r} 5 \cdot 0{,}95\,€ \\ \hline 0 \\ 45 \\ 25 \\ \hline \mathbf{4{,}75\,€} \end{array} \qquad \begin{array}{r} 2{,}5 \cdot 1{,}90\,€ \\ \hline 25 \\ 2250 \\ \hline \mathbf{4{,}750\,€} \end{array} \qquad \begin{array}{r} 1{,}53\,€ \\ 3{,}62\,€ \\ 4{,}75\,€ \\ +\ 4{,}75\,€ \\ \hline \mathbf{14{,}65\,€} \end{array}$$

Insgesamt kostet es **14,65 €**. 14 € reichen nicht.

**96**

$$\begin{array}{r} 3{,}45 \cdot 250 \\ \hline 690 \\ 17250 \\ \hline \mathbf{862{,}50} \end{array} \qquad \begin{array}{r} 34{,}5 \cdot 25 \\ \hline 690 \\ 1725 \\ \hline \mathbf{862{,}5} \end{array} \qquad \begin{array}{r} 345 \cdot 2{,}5 \\ \hline 690 \\ 1725 \\ \hline \mathbf{862{,}5} \end{array} \qquad \begin{array}{r} 0{,}345 \cdot 2500 \\ \hline 690 \\ 1725 \\ \hline \mathbf{862{,}500} \end{array}$$

Die Ergebnisse sind **immer gleich**. Durch das Verschieben des Kommas in entgegengesetzter Richtung bei beiden Faktoren **verändert** sich der **Produktwert nicht**.

**97** $200 \cdot 0{,}08 = 2 \cdot 8 = \mathbf{16}$

$0{,}2 \cdot 500 = 2 \cdot 50 = \mathbf{100}$

$-0{,}04 \cdot (-220) = 4 \cdot 2{,}2 = \mathbf{8{,}8}$

**98**

$$\begin{array}{l} 3{,}45 : 5 = \mathbf{0{,}69} \\ \underline{30} \\ \ \ 45 \\ \ \ \underline{45} \\ \ \ \ \ 0 \end{array} \qquad \begin{array}{l} 5{,}28 : (-2{,}4) = \\ 52{,}8 : (-24) = \mathbf{-2{,}2} \\ \underline{48} \\ \ \ 48 \\ \ \ \underline{48} \\ \ \ \ \ 0 \end{array}$$

2,76 : 2,3 =
27,6 : 23 = **1,2**
23
46
46
0

0,886 : 0,02 =
88,6 : 2 = **44,3**
8
08
8
06
6
0

– 31,2 : 12 = **–2,6**
24
72
72
0

24,92 : 1,12 =
2492 : 112 = **22,25**
224
252
224
280
224
560
560
0

**99** 45,5 cm : 3,5 cm =
455 cm : 35 cm = **13**
35
105
105
0

Lea erhält **13 Stücke**.

**100** a) 234 : 10 = **23,4**　　233,4 : 100 = **2,334**

3,4 : 1000 = **0,0034**　　789,76 : 1000 = **0,78976**

b) Regel: Dividiert man einen Dezimalbruch durch eine Stufenzahl, so **verschiebt sich das Komma um die Anzahl der Nullen der Stufenzahl nach links.**

**101** $0{,}3 \cdot 10^{-2} = 0{,}3 \cdot \frac{1}{10^2} = 0{,}3 \cdot 1 : 10^2 = 0{,}3 : 10^2 = 0{,}3 : 100 =$ **0,003**

$17{,}5 \cdot 10^{-1} = 17{,}5 : 10 =$ **1,75**

$5{,}8793 \cdot 10^{-3} = 5{,}8793 : 1000 =$ **0,0058793**

**102** Rechne jeweils die Umkehraufgabe!

```
2,25 : 1,5 =
22,5 : 15 = 1,5
15
 75
 75
  0

0,96 : (−0,8) =
9,6 : (−8)   = −1,2
8
16
16
 0

0,6 · 3
  1,8

4 % = 0,04
0,04 : 0,02 =
   4 : 2    = 2
```

**103** 5,57 € : 1,99 € pro kg = 557 € : 199 € pro kg = **2,79899... kg** ≈ 2,8 kg
Tims Kürbis wiegt ungefähr 2,8 kg. Zieht man das Gewicht für die Kerne ab, sollten noch mindestens 2 kg übrig bleiben. Er ist also **groß genug**.

**104**

0,46 : 0,025 = **18,4**

4,94 : 38 = **0,13**

4,6 : 2,5 = **1,84**

4,94 : 0,38 = **13**

0,494 : 3,8 = **0,13**

494 : 38 = **13**

46 : 25 = **1,84**

4,6 : 0,25 = **18,4**

**105** a)

```
  200,0 g
−   9,6 g
  190,4 g

190,4 g : 2,38 g =
19040 g : 238 g = 80
1904
  00
```

In einer Packung sind **80 Gummibärchen**.

b)

```
1,84 g · 80
  147,20 g  (Zucker pro Packungsinhalt)
```

Berechne den Bruchteil, den 147,2 g von 190,4 g ausmachen:
147,2 g : 190,4 g = 1472 g: 1904 g = 0,773109... ≈ **77 %**

**Ungefähr 77 %** des Packungsinhalts bestehen aus Zucker.

**106** a) $\frac{4}{5} : 0{,}4 \cdot \left[(-0{,}6) - \left(-\frac{11}{4}\right)\right]$

$= 0{,}8 : 0{,}4 \cdot \left[(-0{,}6) + 2{,}75\right]$

$= 8 : 4 \cdot 2{,}15$

$= 2 \cdot 2{,}15 = \mathbf{4{,}3}$

b) $\left(\frac{9}{2}\right)^2 \triangleq$ Quadrat aus $\frac{9}{2}$

$-2{,}75 - \left(\frac{81}{4}\right) = -2{,}75 - 20{,}25 = \mathbf{-23}$

c) $(3{,}4 - 7{,}8) + 5{,}8 : 0{,}5 = -4{,}4 + 11{,}6 = \mathbf{7{,}2}$

**107** a) $\left(\frac{4}{5}\right)^2 \cdot 1{,}5 - \left(3 \cdot \frac{2}{7} + \frac{1}{7}\right) =$

$\frac{16}{25} \cdot 1{,}5 - \left(\frac{6}{7} + \frac{1}{7}\right) =$

$0{,}64 \cdot 1{,}5 - \left(\frac{7}{7}\right) = 0{,}96 - 1 = \mathbf{-0{,}04}$

Der Term ist eine **Differenz**.

b) $0{,}025 : 0{,}1 + 3 \cdot \left(3{,}8 - 2\frac{2}{4}\right) =$

$0{,}25 + 3 \cdot (3{,}8 - 2{,}5) =$

$0{,}25 + 3 \cdot 1{,}3 =$

$0{,}25 + 3{,}9 = \mathbf{4{,}15}$

Der Term ist eine **Summe**.

c) $\frac{4}{2} \cdot \left[6 \cdot (-0{,}6) + \left(\frac{6}{8} - (-4{,}8)\right)\right] =$

$2 \cdot \left[-3{,}6 + \left(\frac{6}{8} + 4{,}8\right)\right] =$

$2 \cdot (-3{,}6 + 0{,}75 + 4{,}8) =$

$2 \cdot 1{,}95 = \mathbf{3{,}9}$

Der Term ist ein **Produkt**.

**108** $\left(\frac{1}{3} + \frac{1}{10}\right) \cdot 0{,}88 \cdot 980\,\text{m}^2$

$\left(\frac{1}{3} + \frac{1}{10}\right)$: **≙ Anteil der Terrasse + des Gehwegs** von $0{,}88$: **Anteil der gesamten Gartenfläche** (1 – 12 % = 1 – 0,12 = 0,88) von $980\,\text{m}^2$: **Gesamtfläche des Grundstücks**

Tim berechnet die **m²**, die für **Terrasse und Gehweg** zusammen verwendet werden.

**109** a) 90 % von 20 kg
$0{,}9 \cdot 20\,\text{kg} =$ **18 kg** (nutzbare Erdbeeren)
$18\,\text{kg} + 6\,\text{kg} =$ **24 kg**

$24\,\text{kg} : 150\,\text{g} =$
$24\,000\,\text{g} : 150\,\text{g} =$ **160**
Es können **160 Gläser** befüllt werden.

b)
```
 1 6 0 · 2, 5 0 €
     3 2 0
       8 0 0 0
 ---------------
     4 0 0, 0 0 €
```
Sie nehmen **400 €** ein.

**110** Die Darstellung ist verkleinert.

$A_P = a \cdot h_a$
$= 4\,\text{cm} \cdot 7\,\text{cm}$
$=$ **28 cm²**

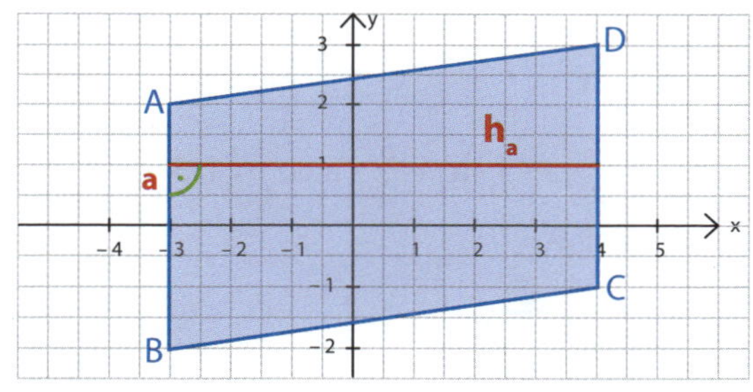


**111** Überlege zuerst, welche der Formeln für das Parallelogramm du verwenden musst, um die noch fehlenden Größen zu berechnen.
Zur Erinnerung: $u_P = 2 \cdot a + 2 \cdot b = 2 \cdot (a + b)$
$A_P = a \cdot h_a$ oder $A_P = b \cdot h_b \Rightarrow b = A_P : h_b$

| **Parallelogramm** | A | B | C |
|---|---|---|---|
| Seitenlänge a | 6 cm | 10 cm | 8 cm |
| zugehörige Höhe $h_a$ | 5 cm | **8 cm** | 7,5 cm |
| Seitenlänge b | 7,5 cm | 16 cm | [36 cm – (2 · 8 cm)] : 2 = **10 cm** |
| zugehörige Höhe $h_b$ | 30 cm² : 7,5 cm = **4 cm** | **5 cm** | **6 cm** |
| Flächeninhalt $A_P$ | 6 cm · 5 cm = **30 cm²** | 80 cm² | **60 cm²** |
| Umfang $u_P$ | 2 · 6 cm + 2 · 7,5 cm = **27 cm** | **52 cm** | 36 cm |

**112** Alle Figuren haben den gleichen Flächeninhalt, da sie alle in einer Seite und der dazugehörigen Höhe übereinstimmen. Die Figuren C und D kann man in Teilfiguren so zerlegen, dass die Summe der Höhen der Teilfiguren gleich der Höhe von Figur A und B entspricht.

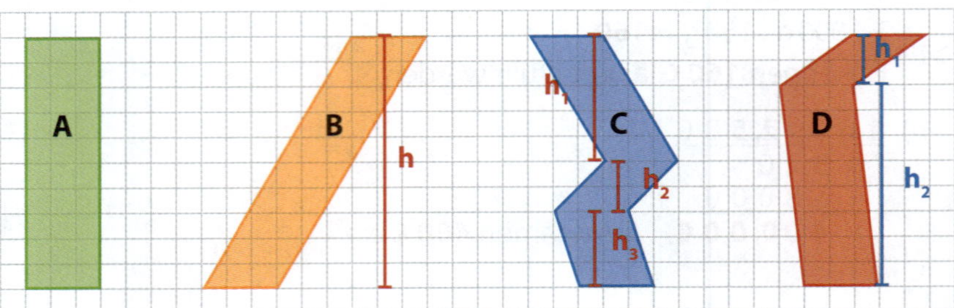


**113** $A = a \cdot h_a$

$A_{neu} = \frac{1}{2} \cdot a \cdot 3 \cdot h_a = \frac{3}{2} \cdot a \cdot h_a = \mathbf{1{,}5} \cdot a \cdot h_a$

Beispiel: A

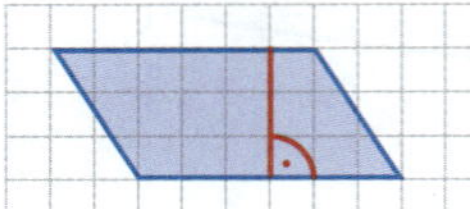

$A_{neu}$

$a = 3$ cm

$h_a = 1{,}5$ cm

$A_P = 3\text{ cm} \cdot 1{,}5\text{ cm}$
$= \mathbf{4{,}5\text{ cm}^2}$

neu: a halbiert $a_{neu} = 1{,}5$ cm

$h_a$ verdreifacht $h_{a_{neu}} = 4{,}5$ cm

$A_P = 1{,}5\text{ cm} \cdot 4{,}5\text{ cm}$
$= \mathbf{6{,}75\text{ cm}^2}$
$\rightarrow 6{,}75\text{ cm}^2 = \mathbf{1{,}5} \cdot 4{,}5\text{ cm}^2$

Der Flächeninhalt ist also **1,5-mal** so groß wie vorher.

**114**

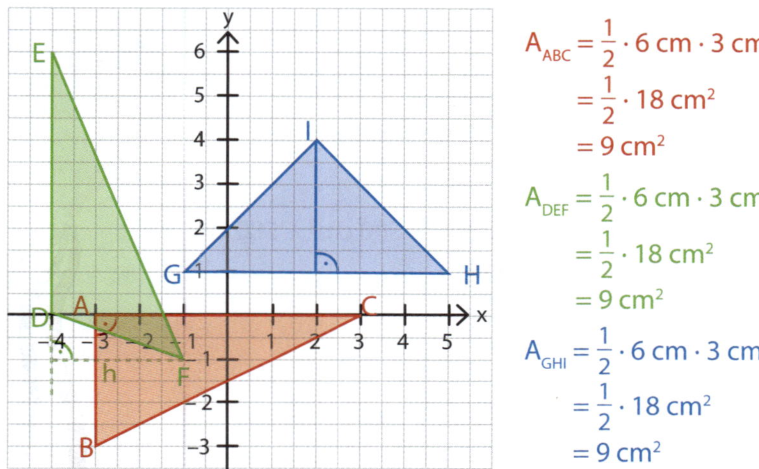


$A_{ABC} = \frac{1}{2} \cdot 6\text{ cm} \cdot 3\text{ cm}$
$= \frac{1}{2} \cdot 18\text{ cm}^2$
$= 9\text{ cm}^2$

$A_{DEF} = \frac{1}{2} \cdot 6\text{ cm} \cdot 3\text{ cm}$
$= \frac{1}{2} \cdot 18\text{ cm}^2$
$= 9\text{ cm}^2$

$A_{GHI} = \frac{1}{2} \cdot 6\text{ cm} \cdot 3\text{ cm}$
$= \frac{1}{2} \cdot 18\text{ cm}^2$
$= 9\text{ cm}^2$

Die Dreiecke haben alle den **gleichen Flächeninhalt**, da sie jeweils in einer Seitenlänge und der dazugehörigen Höhe übereinstimmen. (Die Darstellung ist verkleinert.)

**115**

| **Dreieck** | A | B | C |
|---|---|---|---|
| Seitenlänge a | 3 m | 12 cm | **8 dm** |
| zugehörige Höhe $h_a$ | **8,4 m** | 14 cm | **37,5 dm** |
| Seitenlänge b | 9 m | **20 cm** | 4 dm |
| zugehörige Höhe $h_b$ | 2,8 m | 8,4 cm | **75 dm** |
| Seitenlänge c | **8 m** | **30 cm** | 1 m = **10 dm** |
| zugehörige Höhe $h_c$ | **3,15 m** | 5,6 cm | **3 m = 30 dm** |
| Flächeninhalt $A_D$ | **12,6 m²** | **84 cm²** | 1,5 m² = **150 dm²** |
| Umfang $u_D$ | 20 m | **62 cm** | 22 dm |

**116** $A_{Dreieck}$ = **6 cm²**

**Erklärung:** Das Parallelogramm und das Dreieck stimmen in einer Seite und der dazugehörigen Höhe überein. Somit hat das Dreieck den **halben Flächeninhalt** des Parallelogramms.

**117** a) Lea:

$A_{rot} = A_{grün} = \frac{1}{2} \cdot 40\text{ cm} \cdot 75\text{ cm} = 1500\text{ cm}^2$

$A_{blau} = A_{gelb} = \frac{1}{2} \cdot 40\text{ cm} \cdot 25\text{ cm} = 500\text{ cm}^2$

$A_{gesamt} = A_{rot} + A_{grün} + A_{blau} + A_{gelb} =$
$1500\text{ cm}^2 + 1500\text{ cm}^2 + 500\text{ cm}^2 + 500\text{ cm}^2 =$
**$4000\text{ cm}^2 = 0{,}4\text{ m}^2$**

Tim:

$A_{rot} = A_{grün} = \frac{1}{2} \cdot 40\text{ cm} \cdot 90\text{ cm} = 1800\text{ cm}^2$

$A_{blau} = A_{gelb} = \frac{1}{2} \cdot 40\text{ cm} \cdot 10\text{ cm} = 200\text{ cm}^2$

$A_{gesamt} = A_{rot} + A_{grün} + A_{blau} + A_{gelb} =$
$1800\text{ cm}^2 + 1800\text{ cm}^2 + 200\text{ cm}^2 + 200\text{ cm}^2 =$
**$4000\text{ cm}^2 = 0{,}4\text{ m}^2$**

Tim hat mit seiner Aussage **nicht Recht**, weil beide Drachen den gleichen Flächeninhalt haben und man somit gleich viel Papier benötigt.

b) Wenn man das Drachenviereck entlang des Kreuzes zerschneidet und die vier kleinen Dreiecke aneinanderlegt, erhält man ein Rechteck mit den Seitenlängen e und $\frac{f}{2} \Rightarrow A = e \cdot \frac{f}{2} = \frac{e \cdot f}{2}$

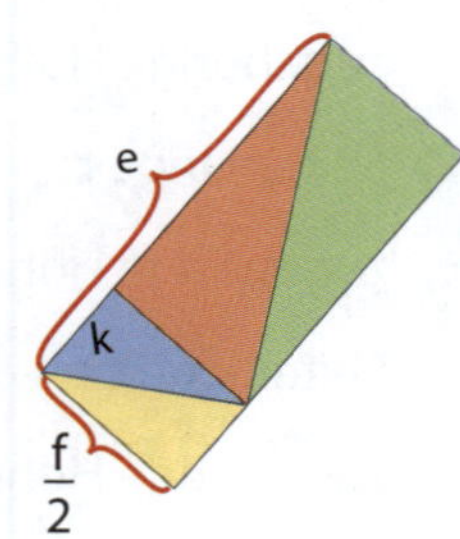


**118** $A_{ABCD} = \frac{1}{2} \cdot (4\text{ cm} + 2\text{ cm}) \cdot 1{,}5\text{ cm} =$ **$4{,}5\text{ cm}^2$**

$A_{EFGH} = \frac{1}{2} \cdot (1{,}5\text{ cm} + 4\text{ cm}) \cdot 3\text{ cm} =$ **$8{,}25\text{ cm}^2$**

$A_{IJKL} = \frac{1}{2} \cdot (4{,}5\text{ cm} + 1\text{ cm}) \cdot 4{,}5\text{ cm} =$ **$12{,}375\text{ cm}^2$**

**119** Maßstab 1 : 2000

2000 cm in der Wirklichkeit ≙ 1 cm in der Zeichnung

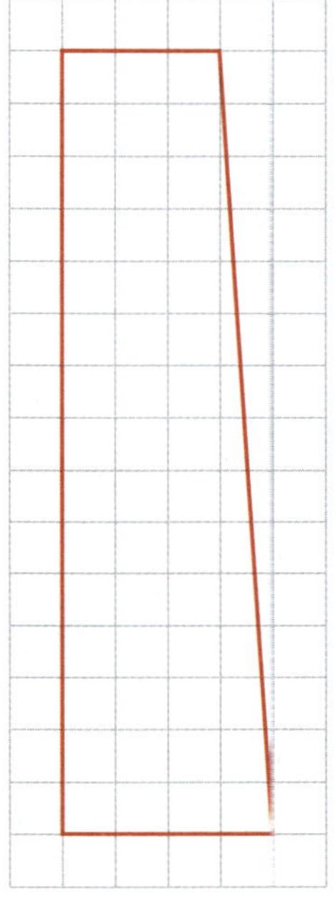

a) $30\text{ m} : 2000 = 3000\text{ cm} : 2000 = \mathbf{1{,}5\text{ cm}}$

$40\text{ m} : 2000 = 4000\text{ cm} : 2000 = \mathbf{2\text{ cm}}$

$150\text{ m} : 2000 = 15000\text{ cm} : 2000 = \mathbf{7{,}5\text{ cm}}$

$A_{Trapez} = \frac{1}{2} \cdot (30\text{ m} + 40\text{ m}) \cdot 150\text{ m} = \mathbf{5250\text{ m}^2}$

Das Feld ist **5250 m²** groß.

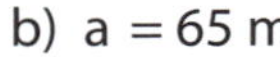

b) $a = 65\text{ m}$

$u = 290\text{ m}$

Merke: $u = 2a + 2b$

$b = (290\text{ m} : 2) - 65\text{ m}$

$= 145\text{ m} - 65\text{ m} = 80\text{ m}$

$A_{Rechteck} = 65\text{ m} \cdot 80\text{ m} = \mathbf{5200\text{ m}^2}$

$5250\text{ m}^2 - 5200\text{ m}^2 =$ **50 m² (Verlust)**

Der Bauer macht **50 m²** Verlust.

**120** $A_{Trapez} = \frac{1}{2} \cdot (a + c) \cdot 3\text{ cm} = 12\text{ cm}^2$

$a + c = 8\text{ cm}$ z. B. $a = 5\text{ cm}$ und $c = 3\text{ cm}$, $a = 7\text{ cm}$ und $c = 1\text{ cm}$

Achtung: Diese Darstellungen sind verkleinert.

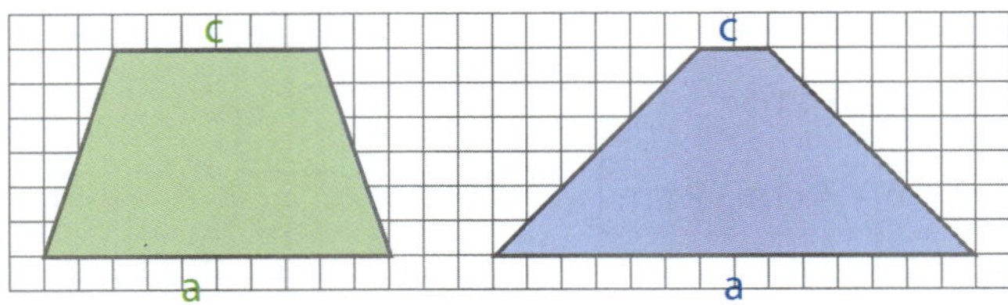


Hier gibt es natürlich noch viele weitere Möglichkeiten.

**121** $A_{Parallelogramm} = 5\text{ cm} \cdot 3\text{ cm} = 15\text{ cm}^2$

$A_{Trapez} = \frac{1}{2} \cdot (5\text{ cm} + 9\text{ cm}) \cdot 2\text{ cm} = 14\text{ cm}^2$

$A_{Dreieck} = \frac{1}{2} \cdot 3\text{ cm} \cdot 3\text{ cm} = 4{,}5\text{ cm}^2$

$A_{ABCDEFG} = 15\text{ cm}^2 + 14\text{ cm}^2 + 4{,}5\text{ cm}^2 = \mathbf{33{,}5\text{ cm}^2}$

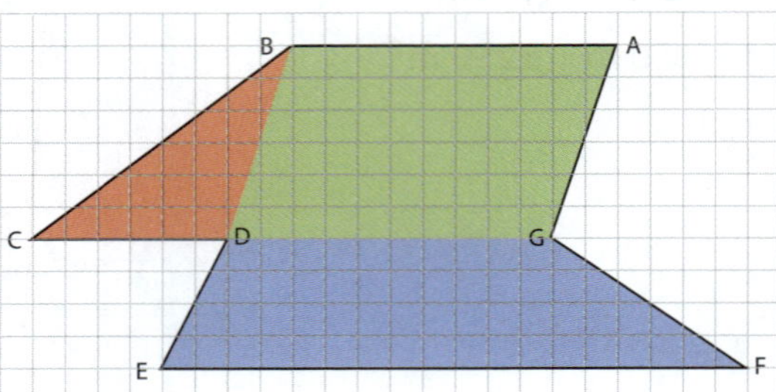


Hier gibt es natürlich auch andere Zerlegungen. Das Endergebnis ist aber bei allen Lösungswegen gleich.

**122** $A_{Dreiecke} = 2 \cdot (\frac{1}{2} \cdot 2\text{ cm} \cdot 1{,}5\text{ cm}) = 2 \cdot 1{,}5\text{ cm}^2 = \mathbf{3\text{ cm}^2}$

$A_{Rechteck\,1} = 1{,}5\text{ cm} \cdot 2\text{ cm} = \mathbf{3\text{ cm}^2}$ $A_{Rechteck\,2} = 2\text{ cm} \cdot 2\text{ cm} = \mathbf{4\text{ cm}^2}$

$A_{Rechteck\,3} = 2\text{ cm} \cdot 2{,}5\text{ cm} = \mathbf{5\text{ cm}^2}$

$O = 3\text{ cm}^2 + 3\text{ cm}^2 + 4\text{ cm}^2 + 5\text{ cm}^2 = \mathbf{15\text{ cm}^2}$

**123** Die Darstellung ist verkleinert.

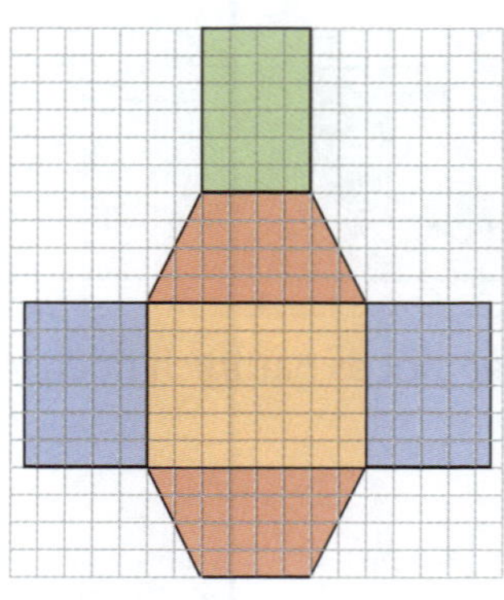

$A_{Rechteck} = 2\text{ cm} \cdot 3\text{ cm} = \mathbf{6\text{ cm}^2}$

$A_{Trapeze} = 2 \cdot \left[\frac{1}{2} \cdot (2\text{ cm} + 4\text{ cm}) \cdot 2\text{ cm}\right]$
$= 2 \cdot 6\text{ cm}^2 = \mathbf{12\text{ cm}^2}$

$A_{Rechteck} = 4\text{ cm} \cdot 3\text{ cm} = \mathbf{12\text{ cm}^2}$

$A_{Rechtecke} = 2 \cdot (3\text{ cm} \cdot 2{,}25\text{ cm})$
$= 2 \cdot 6{,}75\text{ cm}^2 = \mathbf{13{,}5\text{ cm}^2}$

$O = 6\text{ cm}^2 + 12\text{ cm}^2 + 12\text{ cm}^2 + 13{,}5\text{ cm}^2 = \mathbf{43{,}5\text{ cm}^2}$

**124** $A_{\text{Rechtecke}} = 6 \cdot 2\text{ cm} \cdot 6\text{ cm}$
$= 6 \cdot 12\text{ cm}^2 = \mathbf{72\text{ cm}^2}$

Die Höhe jedes der **sechs Dreiecke** entspricht der **Hälfte einer grünen Linie**, also 34 mm : 2 = 17 mm (gerundet)

$A_{\text{Sechsecke}} = 2 \cdot (6 \cdot A_{\text{Dreieck}})$
$= 2 \cdot (6 \cdot \frac{1}{2} \cdot 2\text{ cm} \cdot 1{,}7\text{ cm})$
$= 2 \cdot (3 \cdot 2\text{ cm} \cdot 1{,}7\text{ cm}) = \mathbf{20{,}4\text{ cm}^2}$

$O = 72\text{ cm}^2 + 20{,}4\text{ cm}^2$
$= \mathbf{92{,}4\text{ cm}^2}$

Die Oberfläche des Prismas ist **92,4 cm²** groß.

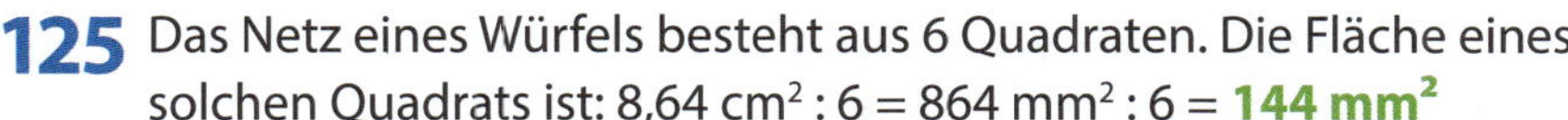

**125** Das Netz eines Würfels besteht aus 6 Quadraten. Die Fläche eines solchen Quadrats ist: $8{,}64\text{ cm}^2 : 6 = 864\text{ mm}^2 : 6 = \mathbf{144\text{ mm}^2}$

Ein Würfel hat insgesamt 12 Kanten. 144 ist die Quadratzahl von 12. Die Kantenlänge eines solchen Würfels ist also **12 mm** lang.

**126** $A_{\text{Trapeze}} = 2 \cdot \frac{1}{2} \cdot (3\text{ cm} + 5\text{ cm}) \cdot 3\text{ cm} = \mathbf{24\text{ cm}^2}$

$A_{\text{Boden}} = 5\text{ cm} \cdot 8\text{ cm} = \mathbf{40\text{ cm}^2}$

$A_{\text{Deckel}} = 3\text{ cm} \cdot 8\text{ cm} = \mathbf{24\text{ cm}^2}$

$A_{\text{Seiten}} = 2 \cdot 3{,}2\text{ cm} \cdot 8\text{ cm} = \mathbf{51{,}2\text{ cm}^2}$

$O = 24\text{ cm}^2 + 40\text{ cm}^2 + 24\text{ cm}^2 + 51{,}2\text{ cm}^2 = \mathbf{139{,}2\text{ cm}^2}$

$139{,}2\text{ cm}^2 \cdot 1{,}15 \cdot 100 = 16008\text{ cm}^2 = 1{,}6008\text{ m}^2 \approx \mathbf{1{,}60\text{ m}^2}$

**oder**: $139{,}2\text{ cm}^2 : 100 = 1{,}392\text{ cm}^2 \Rightarrow 1{,}392\text{ cm}^2 \cdot 15 = \mathbf{20{,}88\text{ cm}^2}$ (Verschnitt)

$100 \cdot (139{,}2\text{ cm}^2 + 20{,}88\text{ cm}^2) = 100 \cdot 160{,}08\text{ cm}^2 = 16\,008\text{ cm}^2 \approx \mathbf{1{,}60\text{ m}^2}$

Für 100 Barren benötigt man **ungefähr 1,60 m²** Goldfolie.

**127** ① = 54 ② = 53 ③ = 55 ④ = 51

Gebäude ④ < Gebäude ② < Gebäude ① < Gebäude ③

**128** 345 cm³ (m³) = **0,000345 m³**

25 l (dm³) = **25 dm³**

3,4 l (ml) = **3400 ml**

23 cm³ (mm³) = **23 000 mm³**

360 cm³ (l) = **0,36 l**

0,58 l (cm³) = **580 cm³**

**129**

| | | | | | | | | | | | | | | | | | | | | | | |
|---|---|---|---|---|---|---|---|---|---|---|---|---|---|---|---|---|---|---|---|---|---|---|
| | 0, | 2 | 5 | l | + | 5 | 6 | 0 | c | m³ | | | | | | | | | | | | |
| | **2** | **5** | **0** | | | | | | | | | **8** | **1** | **0** | | | | | | | | |
| = | ~~2~~ | ~~5~~ | c | m³ | + | 5 | 6 | 0 | c | m³ | = | ~~5~~ | ~~8~~ | ~~5~~ | c | m³ | | | | | | |
| | | | | | | | | | | | | | | | | | | | | | | |
| | 0, | 4 | m³ | - | 3 | 5 | d | m³ | | | | | | | | | | | | | | |
| | **4** | **0** | **0** | **0** | **0** | **0** | | | | | | | | | **3** | **6** | **5** | **0** | **0** | **0** | | |
| = | ~~4~~ | ~~0~~ | ~~0~~ | c | m³ | - | 3 | 5 | 0 | 0 | 0 | c | m³ | = | ~~-~~ | ~~3~~ | ~~4~~ | ~~6~~ | ~~0~~ | ~~0~~ | c | m³ |
| | | | | | | | | | | | | | | | | | | | | | | |
| | 4 | hl | - | 3 | 5 | 0 | l | + | 0, | 0 | 5 | m³ | | | | | | | | | | |
| | | | | | | | | | | | **5** | **0** | | | | | | | | | | |
| = | 4 | 0 | 0 | l | - | 3 | 5 | 0 | l | + | ~~5~~ | d | m³ | | | | | | | | | |
| | | | | | **5** | **0** | | **1** | **0** | **0** | | | | | | | | | | | | |
| = | 5 | 0 | l | + | ~~5~~ | l | = | ~~5~~ | ~~5~~ | l | | | | | | | | | | | | |

**130** a) V = 5 cm · 3 cm · 8 cm = **120 cm³**

b) V = 32 cm · 40 cm · 70 cm = **89 600 cm³**

c) V = (3 dm)³ = **27 dm³**

**131** a) Wandle die Einheiten in dm um. Löse nun mit einer Umkehraufgabe:
V = 806,4 l = 806,4 dm³
806,4 dm³ = 12 dm · 8,4 dm · h
806,4 dm³ = 100,8 dm² · h
h = 806,4 dm³ : 100,8 dm² = **8 dm**
Der Quader ist **8 dm** hoch.

b) Für die Oberfläche muss Tim alle einzelnen Flächen, die den Quader umgeben, berechnen und addieren. Diese 6 Flächen sind alles Rechtecke. Zwei davon sind jeweils gleich.

$O = 2 \cdot (1{,}2\ \text{m} \cdot 0{,}84\ \text{m}) + 2 \cdot (0{,}84\ \text{m} \cdot 0{,}8\ \text{m}) + 2 \cdot (1{,}2\ \text{m} \cdot 0{,}8\ \text{m})$
$= 2{,}016\ \text{m}^2 + 1{,}344\ \text{m}^2 + 1{,}92\ \text{m}^2 =$ **$5{,}28\ \text{m}^2$ = $528\ \text{dm}^2$**

Die Oberfläche des Quaders ist **$528\ \text{dm}^2$** groß.

**132** a) Gesucht sind drei Zahlen, deren Produkt 5400 ergibt. Zerlege die Zahl so in Faktoren, dass du zwei verschiedene Möglichkeiten finden kannst.
$5400 = 2 \cdot 2 \cdot 2 \cdot 5 \cdot 5 \cdot 3 \cdot 3 \cdot 3$
Aus diesen Faktoren kannst du zwei Möglichkeiten ablesen, zum Beispiel:
Quader 1: **l = 6 cm, b = 25 cm, h = 36 cm**
Quader 2: **l = 10 cm , b = 60 cm, h = 9 cm**

b) $O_1 = (2 \cdot 6 \cdot 25 + 2 \cdot 6 \cdot 36 + 2 \cdot 25 \cdot 36)\ \text{cm}^2 =$ **$2532\ \text{cm}^2$**
$O_2 = (2 \cdot 10 \cdot 60 + 2 \cdot 10 \cdot 9 + 2 \cdot 60 \cdot 9)\ \text{cm}^2 =$ **$2460\ \text{cm}^2$**

**Quader 1** hat die größere Oberfläche bei gleichem Volumen.

**133** Abschätzung Schuh (entspricht Goldbarren):

28 cm lang; 8 cm breit; 6 cm hoch
(Hier kannst du auch deine eigene Schuhgröße ausrechnen!)

Volumen: $28\ \text{cm} \cdot 8\ \text{cm} \cdot 6\ \text{cm} =$ **$1344\ \text{cm}^3$**
Recherche: $1\ \text{cm}^3$ Gold wiegt **19,3 g**. ($1\ \text{dm}^3 = 19{,}3\ \text{kg}$)
$1344 \cdot 19{,}3\ \text{g} = 25939{,}2\ \text{g} = 25{,}9392\ \text{kg} \approx$ **26 kg**

Das Gewicht des Goldbarrens wäre also **etwa 26 kg**. Das kann selbst der stärkste Pirat **nicht locker werfen**.

**134** $h = 4375\ \text{dm}^3 : 625\ \text{dm}^2 =$ **7 dm**

Das Wasser steht **7 dm** hoch.

**135** Der Stein hat exakt das Volumen, das er an Wasser verdrängt. Das verdrängte Wasser nimmt einen Quader mit Grundfläche = $120\ \text{cm}^2$ und h = 12 cm ein: $V_{Amethyst} = 120\ \text{cm}^2 \cdot 12\ \text{cm} =$ **$1440\ \text{cm}^3$**

Der Amethyst hat ein Volumen von **$1440\ \text{cm}^3$**.

**136** a) $10\ m \cdot 6\ m \cdot 15\ cm = 1000\ cm \cdot 600\ cm \cdot 15\ cm = 9\,000\,000\ cm^3 = \mathbf{9\ m^3}$

Es werden **9 m³** nährstoffreiche Erde ausgehoben.

b) $4\ m - 15\ cm = 400\ cm - 15\ cm = \mathbf{385\ cm}$

$1000\ cm \cdot 600\ cm \cdot 385\ cm = 231\,000\,000\ cm^3 = \mathbf{231\ m^3}$

$231\ m^3 : 33\ m^3 = \mathbf{7}$

Es sind **7 Lastwagenladungen** nötig.

**137** Angaben in den Skizzen in cm

**Pflasterstein 1**

Strategie 1

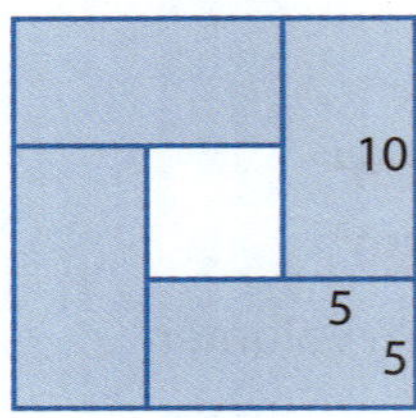


Zerlegungsprinzip:

Der Quader wird in 4 gleich große Quader zerlegt.

$V = 4 \cdot (5 \cdot 10 \cdot 5)\ cm^3 = \mathbf{1000\ cm^3}$

Strategie 2

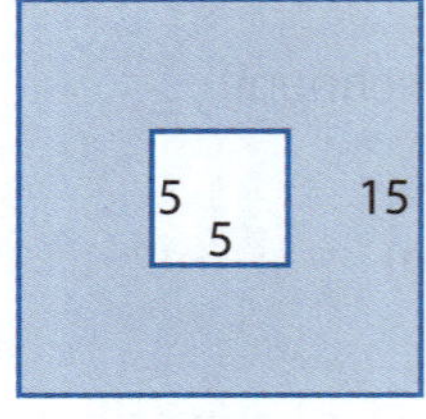


Ergänzungsprinzip:

Ergänze das Volumen des „Lochs".
Ziehe dann das Volumen des Lochs wieder ab.

$V = 15\ cm \cdot 15\ cm \cdot 5\ cm - 5\ cm \cdot 5\ cm \cdot 5\ cm$
$= 1125\ cm^3 - 125\ cm^3 = \mathbf{1000\ cm^3}$

$100 \cdot 1000\ cm^3 = 100\,000\ cm^3 = \mathbf{0{,}1\ m^3}$

Es werden stündlich **0,1 m³** Beton benötigt.

**Pflasterstein 2**

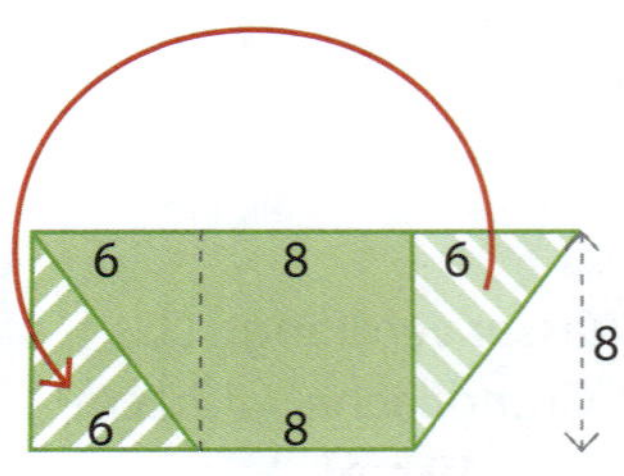


$V = 14\ cm \cdot 8\ cm \cdot 5\ cm = \mathbf{560\ cm^3}$

$100 \cdot 560\ cm^3 = 56\,000\ cm^3 = \mathbf{0{,}056\ m^3}$

Es werden stündlich **0,056 m³** Beton benötigt.

**138** a)

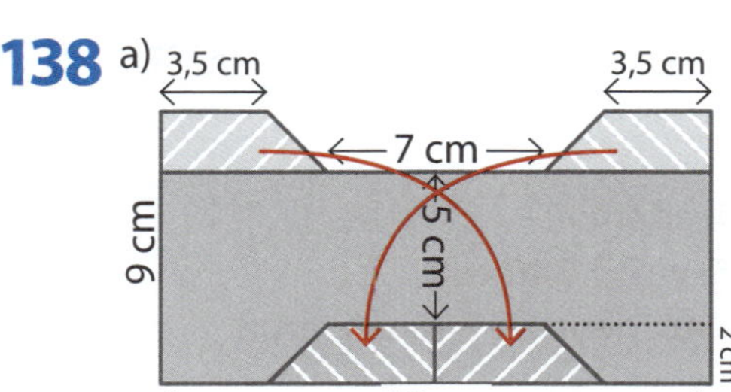


$V = 18\text{ cm} \cdot 7\text{ cm} \cdot 5\text{ cm}$
$= \mathbf{630\text{ cm}^3}$

Der Pflasterstein hat ein Volumen von **630 cm³**.

b) $m = 630 \cdot 2{,}8\text{ g} = \mathbf{1764\text{ g}}$

Die Masse des ausgehärteten Pflastersteins beträgt **1764 g**.

c) Ein cm³ Silber wiegt 10,49 g. → $m = 630 \cdot 10{,}49\text{ g} = \mathbf{6608{,}7\text{ g}}$

Der Pflasterstein würde **6,6087 kg** wiegen.

**139** Die Ergänzungsmethode füllt den Pflasterstein auf einen Quader mit l = 20 cm, b = 20 cm und h = 8 cm auf.

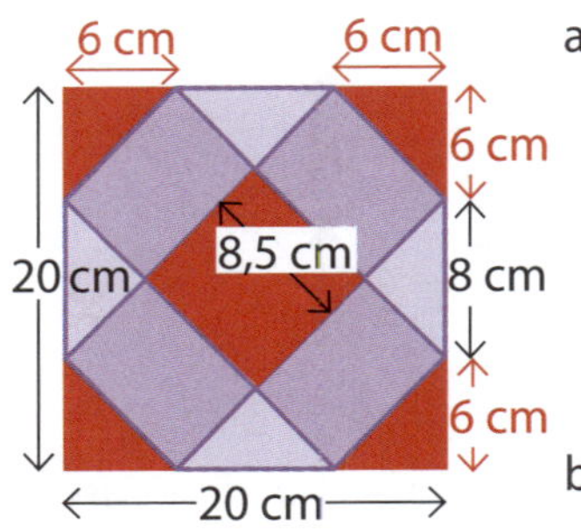


a) $V = [20\text{ cm} \cdot 20\text{ cm} - (4 \cdot \frac{1}{2} \cdot 6\text{ cm} \cdot 6\text{ cm} +$
$8{,}5\text{ cm} \cdot 8{,}5\text{ cm})] \cdot 8\text{ cm} =$
$= [400\text{ cm}^2 - 144{,}25\text{ cm}^2] \cdot 8\text{ cm} =$
$= 255{,}75\text{ cm}^2 \cdot 8\text{ cm} = \mathbf{2046\text{ cm}^3}$

Das Volumen eines Pflastersteins beträgt **2046 cm³**.

b) $m = 6 \cdot 2046\text{ cm}^3 \cdot 2{,}8\text{ g} = = \mathbf{34372{,}8\text{ g}} \approx \mathbf{34\text{ kg}}$

Ein Rasengitterstein wiegt **ungefähr 34 kg**.

**140**

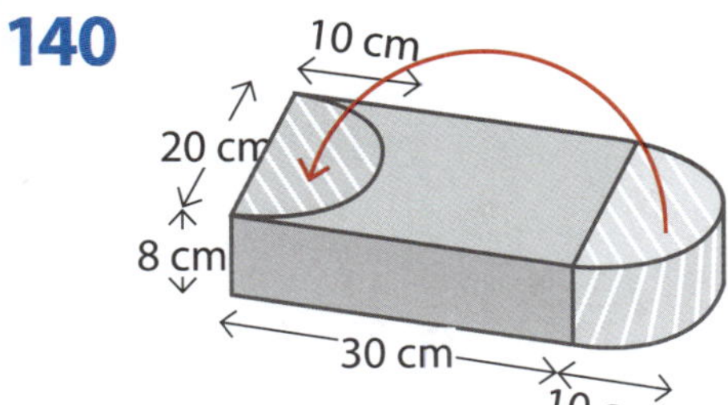


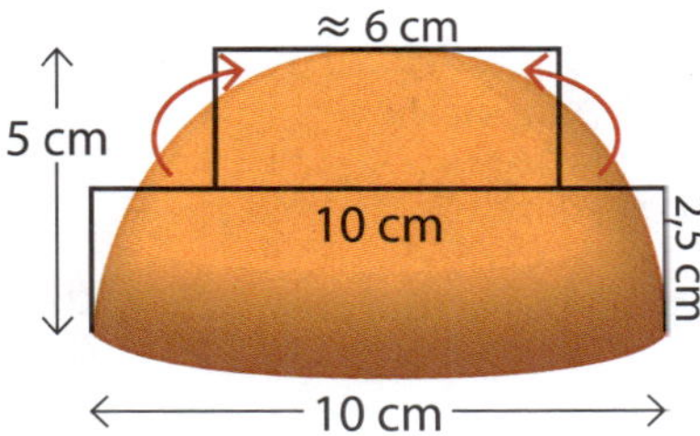


a) $V = 30\text{ cm} \cdot 8\text{ cm} \cdot 20\text{ cm} = \mathbf{4800\text{ cm}^3}$

b) Berechne als gerundeten Wert statt der Halbkugel einen Quader.
$l = 10$ cm, $b = 10$ cm, $h = 5$ cm
$V \approx (10 \cdot 10 \cdot 5)\ \text{cm}^3 =$ **500 cm³**
Feinere Abschätzung mit zwei Quadern:
$V \approx (10 \cdot 10 \cdot 2{,}5)\ \text{cm}^3 + (6 \cdot 6 \cdot 2{,}5)\ \text{cm}^3 =$ **340 cm³**
Die Halbkugel ist ungefähr **500 cm³**, genauer **340 cm³** groß.

c) Die Halbkugel wird in ein quaderförmiges Gefäß mit Wasser eingetaucht. Dadurch steigt der Pegel an. Die Halbkugel verdrängt genau ihr Volumen an Wasser. Dies lässt sich durch die **Grundfläche** des Gefäßes **multipliziert** mit dem **Pegelanstieg** berechnen.

**141**

| Vorgang | Zufalls-experiment | kein Zufalls-experiment |
|---|---|---|
| Im Internet nachschauen, wann der Beginn ... | | ✗ |
| Werfen einer Münze und ablesen ... | ✗ | |
| Ablesen deiner Schuhgröße | | ✗ |
| Ziehen der Lottozahlen | ✗ | |
| Ziehen eines Loses | ✗ | |
| Schauen, welche Farbe das nächste Auto hat ... | ✗ | |
| Berechnung deiner Mathenote ... | | ✗ |

**142** Hierbei handelt es sich um ein Zufallsexperiment, da man den **Vorgang beliebig oft** durchführen kann und er immer die **gleichen möglichen Ergebnisse** hat. Es ist aber nicht vorhersehbar, welches Ergebnis eintreten wird. Die möglichen Ergebnisse sind **1**, **2**, **3**, **4**, **5** oder **6**.

**143** a)

| Augenzahl | 1 | 2 | 3 | 4 | 5 | 6 |
|---|---|---|---|---|---|---|
| absolute Häufigkeit | 8 | **9** | **5** | **8** | **10** | **10** |
| relative Häufigkeit | $\frac{8}{50} = \frac{4}{25}$ | $\frac{9}{50}$ | $\frac{5}{50} = \frac{1}{10}$ | $\frac{8}{50} = \frac{4}{25}$ | $\frac{10}{50} = \frac{1}{5}$ | $\frac{1}{5}$ |
| relative Häufigkeit | **16 %** | **18 %** | **10 %** | 16 % | **20 %** | **20 %** |

b)

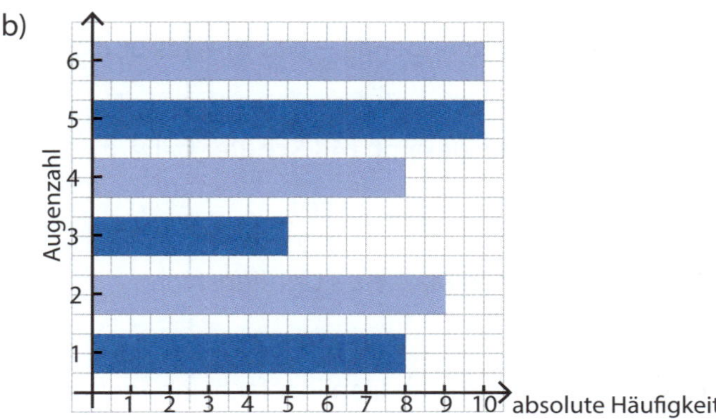


**144** a) $\frac{6}{75} = \frac{2}{25} = \frac{8}{100} =$ **8 %** Die relative Häufigkeit der Jogger beträgt **8 %**.

$\frac{12}{75} = \frac{4}{25} = \frac{16}{100} =$ **16 %** Die relative Häufigkeit der Nordic Walker beträgt **16 %**.

b) $\frac{15 + 10}{75} = \frac{25}{75} = \mathbf{\frac{1}{3}}$ Radfahrer = Moutainbiker + Rennradfahrer
Der Bruchteil der Radfahrer entspricht **$0,\overline{3}$**.

**145** a)

| Disziplin | absolute Häufigkeit | relative Häufigkeit (Bruch) | relative Häufigkeit (Prozent) |
|---|---|---|---|
| **Weitsprung** | **6** | $\frac{6}{30} = \frac{1}{5}$ | **20 %** |
| **Hochsprung** | **4** | $\frac{4}{30} = \frac{2}{15}$ | **≈ 13 %** |
| **Ballwurf** | **10** | $\frac{10}{30} = \frac{1}{3}$ | **≈ 33 %** |
| **Sprint** | **2** | $\frac{2}{30} = \frac{1}{15}$ | **≈ 7 %** |
| **800 m-Lauf** | **8** | $\frac{8}{30} = \frac{4}{15}$ | **≈ 27 %** |

b) **Weitsprung**: 72°
**Hochsprung**: 46,8°
**Ballwurf**: 118,8°
**Sprint**: 25,2°
**800-m-Lauf**: 97,2°

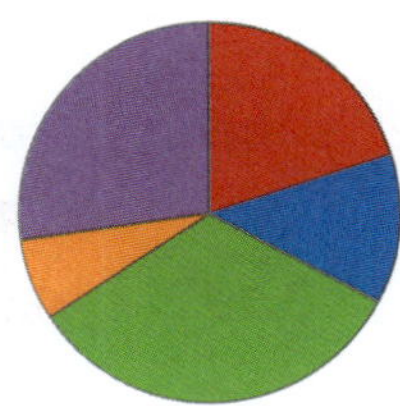

**146** a) Der Kreisteil für Sport entspricht genau $\frac{1}{4}$ **des Kreises** und das sind **36 Schüler** (siehe Tabelle).

$4 \cdot 36 =$ **144** Es wurden insgesamt **144 Schüler** befragt.

b) Der Winkel für Mathe hat genau **80°** → $\frac{80}{360} = \frac{2}{9}$

Es haben also $\frac{2}{9}$ der Befragten Mathe als Lieblingsfach:

$\frac{2}{9}$ von $144 = (144 : 9) \cdot 2 =$ **32**

**32 der Befragten** haben Mathe als Lieblingsfach angegeben.

c)

| Lieblingsfach | Deutsch | Englisch | Kunst | Mathe | Sport |
|---|---|---|---|---|---|
| Größe des Winkels | **45°** | **60°** | **85°** | **80°** | **90°** |
| absolute Häufigkeit | **18** | **24** | **34** | **32** | 36 |
| relative Häufigkeit als Bruch | $\frac{18}{144} = \frac{1}{8}$ | $\frac{24}{144} = \frac{1}{6}$ | $\frac{34}{144} = \frac{17}{72}$ | $\frac{32}{144} = \frac{2}{9}$ | $\frac{36}{144} = \frac{1}{4}$ |

**147**

| rot | blau | gelb | grün | lila | schwarz |
|---|---|---|---|---|---|
| 33 % = 0,33 | 0,19 | $\frac{1}{4} = 0{,}25$ | 13 % = 0,13 | 0,12 | $\frac{2}{25} = 0{,}08$ |

Wenn man alle relativen Häufigkeiten als Dezimalzahl schreibt und addiert, erhält man 1,1. **Lea hat also Recht**, da die Summe aller relativen Häufigkeiten immer **genau 1** ergeben muss.

**148** Berechne zunächst die **gesamte Anzahl** der beobachteten Autos:
15 schwarze Autos ≙ 0,3 aller Autos → $0{,}3 \cdot$ **?** $= 15 \Rightarrow 15 : 0{,}3 =$ **50**

Anzahl aller Autos ohne die roten Autos:

$9 + 14 + 8 + 15 =$ **46** → rote Autos: $50 - 46 =$ **4**

| Farbe | weiß | silber | rot | blau | schwarz |
|---|---|---|---|---|---|
| absolute Häufigkeit | **9** | **14** | **4** | **8** | **15** |
| relative Häufigkeit | **0,18** | **0,28** | **0,08** | **0,16** | 0,3 |

**149** Bei einem regulären Würfel erwartet man, dass bei sehr vielen Würfen jede Augenzahl gleich oft fällt, obwohl das natürlich nicht immer der Fall ist. Bei Tims Würfel ist die 6 viel häufiger als alle anderen Zahlen gefallen. Deshalb denkt Lea, dass Tims Würfel gezinkt ist. Das ist möglich, muss aber nicht sein.

**150** a)

| Gesamt... | 10 | 100 | 1000 | 10 000 | 100 000 | 1 000 000 | 10 000 000 | 100 000 000 |
|---|---|---|---|---|---|---|---|---|
| abs. H. | 3 | 56 | 486 | 5039 | 49 384 | 500 031 | 4 999 992 | 50 000 003 |
| relat. H. | 0,3 | 0,56 | 0,486 | 0,5039 | 0,49384 | 0,500031 | 0,4999992 | 0,50000003 |

Die relativen Häufigkeiten nähern sich immer mehr 0,5 an.

b) Bei noch mehr Würfen würde man erwarten, dass die relative Häufigkeit sich noch näher bei 0,5 einpendelt. Ausnahmen sind aber möglich!

**151** a) (1) Rot: $\frac{1}{4}$ Blau: $\frac{1}{2}$ Gelb: $\frac{1}{4}$

(2) Rot: $\frac{1}{3}$ Blau: $\frac{1}{3}$ Gelb: $\frac{1}{3}$

(3) Rot: $\frac{1}{4}$ Blau: $\frac{3}{8}$ Gelb: $\frac{3}{8}$

b) Lea sollte den **Würfel (2) wählen**, denn dieser hat die höchste relative Häufigkeit für die Farbe Rot: $\frac{1}{3} > \frac{1}{4}$

(1) nicht Blau: $\frac{1}{2} \triangleq$ **50 %**

(2) nicht Blau: $\frac{2}{3} \triangleq 66{,}\overline{6}\ \% \approx$ **67 %**

(3) nicht Blau: $\frac{5}{8} \triangleq 62{,}5 \approx$ **63 %**

Die Chance, nicht den Tisch abräumen zu müssen, also nicht Blau zu würfeln, ist bei **Würfel (1) 50 %**, bei **Würfel (2) 67 %** und bei **Würfel (3) 63 %**.

d) Es wurde vermutlich **Würfel ①** verwendet, da die **relativen Häufigkeiten aus der Tabelle** den **relativen Häufigkeiten dieses Würfels am ähnlichsten sind**:

Rot: $\frac{238}{1000} = \mathbf{0{,}238 \approx 0{,}25} = \frac{1}{4}$

Blau: $\frac{516}{1000} = \mathbf{0{,}516 \approx 0{,}5} = \frac{1}{2}$

Gelb: $\frac{246}{1000} = \mathbf{0{,}246 \approx 0{,}25} = \frac{1}{4}$

**152** 500 : 10 = 50 → 50-mal fällt ungefähr jedes Feld: 237 ≈ 250, also **5-mal Farbe Rot**; 89 ≈ 100, also **2-mal Farbe Blau**; 174 ≈ 150, also **3-mal Farbe Gelb**. Die Anordnung der Farben ist beliebig.

**153**

| | GW | PW | PS |
|---|---|---|---|
| a) | **25** | **12** | **48 %** |
| b) | **85 €** | **17 €**<br>(85 € – 68 €) | **20 %** |
| c) | **30** | **17** | **$56{,}\overline{6}$ %** |
| d) | **80** | **20** | **25 %** |

**154** a) $\text{GW} = \frac{400\ \text{l}}{0{,}25}$

$= 400\ \text{l} : 0{,}25 = \mathbf{1600\ l}$

b) $\text{PW} = 0{,}36 \cdot 250\ \text{ml}$

$= \mathbf{90\ ml}$

c) $\text{PS} = \frac{28}{112}$

$= \mathbf{25\ \%}$

**155** 15 % von 100 g ≙ **15 g** (Kakao insgesamt)

$\frac{3}{5} \cdot 15\ \text{g} = \mathbf{9\ g}$

**oder:** $\frac{3}{5}$ von 100 g = **60 g** (isst Lea)

15 % von 60 g = 0,15 · 60 g = **9 g**

Lea isst **9 g** Kakao.

**156** a) PW $0{,}6 \cdot 15\ \text{kg} = \mathbf{9\ kg}$

Die Marmelade enthält **9 kg Erdbeeren** (Früchte).

b) PW $0{,}1 \cdot 20 = \mathbf{2}$

In der Tanzgruppe sind es nun **2 Mitglieder** mehr.

c) PS $\frac{60\ € - 48\ €}{60\ €} = \frac{12}{60} = \frac{1}{5} = \frac{20}{100} = \mathbf{20\ \%}$

Die Hose wurde **um 20 %** reduziert.

d) GW Leas Mama hat 2 Kilo gekauft. Für ein Kilo zahlt sie also 1,40 € Mehrwertsteuer. Dies entspricht 7 % des Kilopreises.

$1{,}40\ € : 0{,}07 = \mathbf{20\ €}$

Der Kilopreis beträgt **20 €**.

**157** a) $GW = 27{,}50\ € \cdot 4 = \mathbf{110\ €}$

$PS = 2782\ € : 4280\ € = 0{,}65 \mathrel{\hat{=}} \mathbf{65\ \%}$

b) Beispiel: Eine Hose wurde um 25 % reduziert. Sie ist nun um 27,50 € günstiger. Wie viel kostete die Hose ursprünglich?
Leas Mama hat sich einen Gebrauchtwagen im Wert von 4280 € gekauft. Nach einem Jahr ist das Auto noch 2782 wert.
Wie viel Prozent ist das Auto nun noch wert?

c) Der erste Balken passt zu den angegebenen Werten.
Der zweite Balken passt so nicht zu den Werten: 2782 € (blauer Anteil) entsprechen 65 % von 4280 € (gesamter Balken), also mehr als der Hälfte. Dies stimmt hier nicht und müsste geändert werden.

**158** a)

| **Note** | **1** | **2** | **3** | **4** | **5** | **6** |
|---|---|---|---|---|---|---|
| Anzahl | 4 | 5 | 12 | 6 | 2 | 1 |
| Anteil **in %** (gerundet) | $\frac{4}{30} = \mathbf{13}$ | $\frac{5}{30} = \mathbf{17}$ | $\frac{12}{30} = \mathbf{40}$ | $\frac{6}{30} = \mathbf{20}$ | $\frac{2}{30} = \mathbf{7}$ | $\frac{1}{30} = \mathbf{3}$ |

b) Um den **Anteil am Ganzen** besser darzustellen, eignet sich das Kreisdiagramm und der Prozentstreifen. Sollen **einzelne Ergebnisse** untereinander **verglichen** werden, so eignet sich das **Säulendiagramm** besser.

c)

| 1 | 2 | 3 | 4 | 5 | 6 |
|---|---|---|---|---|---|

**159** a)

| Verkehrsmittel | Bus | zu Fuß | Auto | Rad |
|---|---|---|---|---|
| Anteil **in %** | $\frac{144}{360}$ = **40** | $\frac{108}{360}$ = **30** | $\frac{36}{360}$ = **10** | $\frac{72}{360}$ = **20** |

b) Da die **Gesamtanzahl** der Schüler **fehlt**, kann man die gesuchten Größen **nicht** berechnen.

**160** Beide Diagramme stellen denselben Zusammenhang dar und verwenden die gleichen Zahlen. Die Skalierung des **linken Diagramms** beginnt allerdings erst bei 50! Somit ist eine kleinere Skalierung möglich und der Anstieg erscheint größer, was sich **als Werbung für die Überwachungskameras** eignet. Als **Pressemeldung** eignet sich das **rechte Diagramm** besser. Hier erscheint der Anstieg geringer: Die Polizei macht ihre Arbeit gut!

**161**

| | wahr | falsch |
|---|---|---|
| a) Diese Aussage wäre nur richtig, wenn die Anzahl der Jungen gleich der Anzahl der Mädchen ist. | | × |
| b) Kostet die Hose z. B. 100 €, so kostet sie nach der Reduzierung nur noch 80 €. Die Erhöhung beträgt nun wieder 20 €, aber zu dem neuen Grundwert 80 €. 20€ sind 25% von 80 €. Diese Überlegung lässt sich auch auf jeden beliebigen Startpreis anpassen. | × | |
| c) Gegenbeispiel: Der 1. Artikel kostet 20 €, der 2. Artikel kostet 40 €. Mit dem Angebot kosten die beiden 20 € + 20 € = 40 € <br> 50 % sparen wäre aber 50 % vom Gesamtpreis, also (20 € + 40 €) : 2 = 30 €. | | × |
| d) Eine Erhöhung um 3 € bei einem Grundwert von 7 € entspricht einer Erhöhung um $\frac{3}{7} \approx 42{,}9$ %, also mehr als 30 %. | × | |

## Multiplikation von Dezimalbrüchen

Man multipliziert zunächst die beiden Zahlen ohne Berücksichtigung des Kommas. Im Ergebnis setzt man das Komma so, dass das Ergebnis so viele Stellen nach dem Komma hat wie beide Faktoren zusammen.

$3{,}4 \cdot 2{,}8 \quad \Rightarrow \quad 34 \cdot 28 = 952$
Zusammen haben die Faktoren **zwei Stellen** nach dem Komma, also gilt: $3{,}\mathbf{4} \cdot 2{,}\mathbf{8} = 9{,}\mathbf{52}$

**88** Berechne auf deinem Block.

a) $3 \cdot 5{,}42$ b) $4{,}55 \cdot 8{,}7$ c) $0{,}9 \cdot 3{,}40$ d) $0{,}03 \cdot 1{,}5$ e) $7{,}3 \cdot 3{,}7$

**89** Multiplikation mit einer Stufenzahl (Zehnerpotenz): 10, 100, 1000, 10 000 ...

a) Rechne, wenn nötig, auf deinem Block.

$2{,}34 \cdot 10 =$ ______ $2{,}334 \cdot 100 =$ ______

$0{,}34 \cdot 1000 =$ ______ $7{,}8976 \cdot 1000 =$ ______

b) Was stellst du beim Rechnen dieser Aufgaben fest? Stelle eine Regel zur Multiplikation mit einer Stufenzahl auf.
**Regel**: Multipliziert man einen Dezimalbruch mit einer Stufenzahl, so

______

______

**90** Bestimme die kleinste Zehnerpotenz, mit der man multiplizieren muss, damit das Produkt eine natürliche Zahl ist:

$0{,}045 \cdot$ ______ = ______ $9{,}38 \cdot$ ______ = ______

$7{,}030 \cdot$ ______ = ______ $0{,}0434 \cdot$ ______ = ______

**91** Tim hat mit blauer Farbe in den folgenden Aufgaben die Lücken eingesetzt. Stimmt das? Ergänze die Zwischenschritte, finde die Fehler und korrigiere Tims blau geschriebene Zahl, wenn sie nicht stimmt.

| 9, | 4 | · | 3 | 0 |
|---|---|---|---|---|
| | 2 | 8, | 2 | |
| | | | | |
| | | | | |
| | | | | |

| 2, | 4 | · | 3, | 8 |
|---|---|---|---|---|
| | | | | |
| | | | | |
| | | 9 | 1, | 2 |
| | | | | |

| 4 | 8, | 3 | 2 | · | 2, | 0 | 4 |
|---|---|---|---|---|---|---|---|
| | | | | | | | |
| | | | | | | | |
| | | | | | | | |
| | 9 | 8 | 5, | 7 | 2 | 8 | |

**92** Rechne auf deinem Block.

$0{,}04 \cdot 7{,}2 =$ ________ $\qquad 225 \cdot 0{,}005 =$ ________

$(-3{,}8) \cdot 4{,}5 =$ ________ $\qquad (-0{,}8) \cdot (-0{,}8) =$ ________

$37{,}8\,\% \cdot (-2{,}3) =$ ________ $\qquad (-3{,}4) \cdot \frac{1}{4} =$ ________

**93** Lea möchte sich eine Tasche für ihr Tablet nähen. Das Tablet ist ein 10-Zoll-Tablet. Dies bedeutet, dass die Diagonale des Tablets 10 Zoll lang ist. Lea hat recherchiert: 1 Zoll = 2,54 cm. 10 % soll die Diagonale der Tasche größer sein als das Tablet selbst.

▶ Wie lang muss die Diagonale der Tasche sein? Gib das Ergebnis in cm an.

**94** Tim beobachtet von seinem Zimmer aus ein Gewitter. Für die Zeit zwischen dem Blitz und dem darauffolgenden Donner bestimmt Tim 8 s. Das Licht breitet sich mit Lichtgeschwindigkeit aus, ist also nahezu sofort bei uns angekommen. Die Schallgeschwindigkeit beträgt dagegen ungefähr 0,34 km/s. Das bedeutet: In einer Sekunde legt der Schall ungefähr 0,34 km zurück.

▶ Berechne die Entfernung des Gewitters in km.

**95** Leas Mutter ist zum Metzger gefahren und hat 14 € dabei.

a) Überschlage zunächst, ob das Geld reichen wird.

b) Berechne anschließend den exakten Rechnungsbetrag.

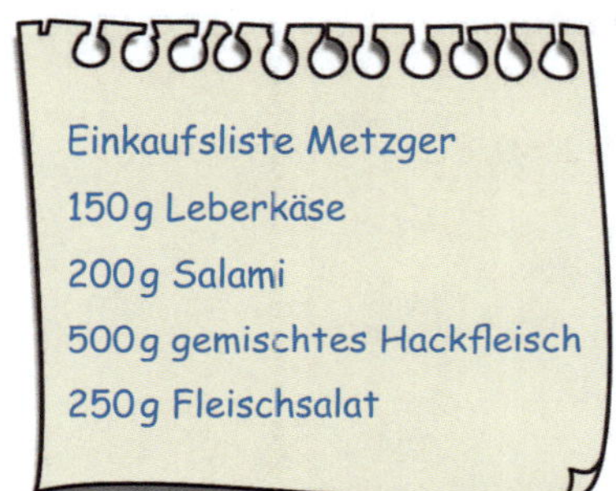


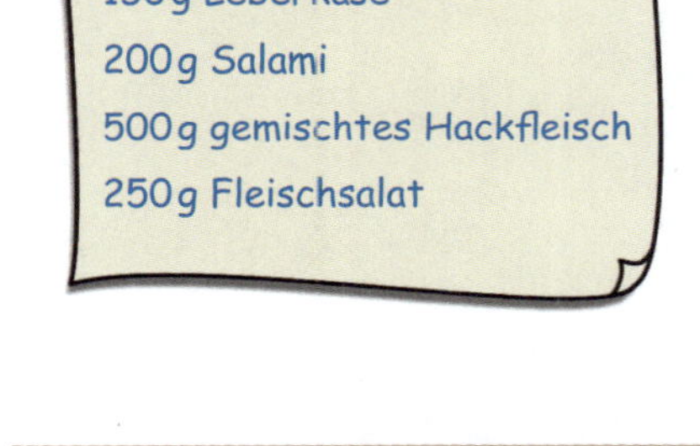

| Preisliste – Preis je 100 g | |
|---|---|
| Nürnberger Rostbratwurst | 0,95 € |
| Wiener | 0,82 € |
| Leberkäse | 1,02 € |
| Gelbwurst | 1,24 € |
| Salami | 1,81 € |
| Krautsalat | 2,10 € |
| Fleischsalat | 1,90 € |
| Hackfleisch Rind | 1,15 € |
| Hackfleisch gemischt | 0,95 € |

**96** Rechne auf deinem Block. Vergleiche nun die Ergebnisse. Was stellst du fest? Kannst du deine Beobachtung erklären?

$3{,}45 \cdot 250 =$ ______ $\qquad 34{,}5 \cdot 25 =$ ______

$345 \cdot 2{,}5 =$ ______ $\qquad 0{,}345 \cdot 2500 =$ ______

**97** Das Vorgehen bei **96** nennt man „gegenseitige Kommaverschiebung". Dies kann bei manchen Aufgaben die Rechenarbeit stark vereinfachen. Nutze es, um die folgenden Aufgaben zu berechnen.

$200 \cdot 0{,}08 =$ ______ $\qquad 0{,}2 \cdot 500 =$ ______ $\qquad -0{,}04 \cdot (-220) =$ ______

# Division von Dezimalbrüchen

**Division durch eine natürliche Zahl**
Dividiere die Dezimalzahl wie eine natürliche Zahl. Beachte dabei: Wenn du das **Komma im Dividenden überschreitest**, setzt du auch im **Ergebnis ein Komma**.

```
13,52 : 4 = 3,38        9,84 : 12 = 0,82
12                      96
 15                      24
 12                      24
  32                      0
  32
   0
```

**Division durch eine Dezimalzahl**
Hier verschiebst du zuerst das Komma bei beiden Zahlen soweit nach rechts, bis der Divisor eine natürliche Zahl ist. Nun kannst du wie oben beschrieben vorgehen.

```
13,52 : 0,4 = 135,2 : 4 = 33,8        9,84 : 1,2 =
              12
               15                     98,4 : 12 = 8,2
               12
                32
                32
                 0
```

**98** Berechne auf deinem Block.

3,45 : 5 = ____________ 5,28 : (–2,4) = ____________

2,76 : 2,3 = ____________ 0,886 : 0,02 = ____________

– 31,2 : 12 = ____________ 👑 24,92 : 1,12 = ____________

**99** Lea schneidet von ihrer selbstgebackenen Erdbeerroulade gleich dicke (3,5 cm) Stücke ab. Wie viele solcher Stücke erhält sie, wenn die gesamte Roulade 45,5 cm lang war?

**100** Division durch eine Stufenzahl (Zehnerpotenz): 10, 100, 1000, 10 000 ...

a) Berechne die folgenden Aufgaben. Was stellst du dabei fest?

234 : 10 = ______ 233,4 : 100 = ______

3,4 : 1000 = ______ 789,76 : 1000 = ______

b) Kannst du eine Regel zur Division mit einer Stufenzahl aufstellen?
**Regel:** Dividiert man einen Dezimalbruch durch eine Stufenzahl, so

______

______

**101** Berechne.

$0{,}3 \cdot 10^{-2} = 0{,}3 \cdot \frac{1}{10^2} = 0{,}3 \cdot 1 : 10^2 = 0{,}3 : 10^2 = 0{,}3 : 100 =$ ______

$17{,}5 \cdot 10^{-1} =$ ______

$5{,}8793 \cdot 10^{-3} =$ ______

**102** Fülle die Lücken aus. Rechne auf deinem Block

2,25 : ______ = 1,5 –0,8 · ______ = 0,96

______ : 3 = 0,6 4 % : ______ = 0,02

**103** Im Oktober kauft Tim an einem Feld einen Kürbis. 1 kg kostet 1,99 €. Seine Mutter hat ihm gesagt, dass sie für die Suppe mindestens 2 kg Kürbisfleisch benötigt. Tim bezahlt an der Kasse 5,57 €.

▶ Ist Tims Kürbis groß genug für die Suppe?

**104** Berechne auf deinem Block. Male jeweils Karten mit gleichem Termwert mit gleicher Farbe an.

| | | | |
|---|---|---|---|
| 0,46 : 0,025 | 4,6 : 2,5 | 4,94 : 38 | 4,94 : 0,38 |
| 0,494 : 3,8 | 46 : 25 | 494 : 38 | 4,6 : 0,25 |

**105** Ein Gummibärchen wiegt 2,38 g. Lea hat eine 200-g-Packung gekauft. Die Verpackung wiegt 9,6 g.

a) Wie viele Bärchen sind in der Packung?

b) Jedes Gummibärchen enthält 1,84 g Zucker.
Wie viel Prozent des Packungsinhalts besteht aus Zucker? Runde!

## Verbindung der Grundrechenarten – Terme

Vorfahrtsregeln bei der Berechnung von Termen:
„Die **Klammer** ist als Erstes dran,
doch schau, was die **Potenz** so kann;
der **Punkt** hat Vorrang vor dem **Strich**,
vergesse diese Regel nicht."

**106** Stelle zunächst den Term auf und berechne ihn dann.

a) Multipliziere den Quotienten aus $\frac{4}{5}$ und 0,4 mit der Differenz aus –0,6 und $-\frac{11}{4}$.

b) Bilde das Quadrat aus $\left(\frac{9}{2}\right)$ und subtrahiere das Ergebnis von der Zahl –2,75.

c) Addiere zur Differenz aus 3,4 und 7,8 den Quotienten aus 5,8 und 0,5.

**107** ▸ Berechne den Termwert. Beachte die Reihenfolge bei der Berechnung.

▸ Gib an, ob es sich bei dem gesamten Term jeweils um eine Summe, eine Differenz, ein Produkt oder einen Quotienten handelt.

a) $\left(\frac{4}{5}\right)^2 \cdot 1{,}5 - \left(3 \cdot \frac{2}{7} + \frac{1}{7}\right)$

b) $0{,}025 : 0{,}1 + 3 \cdot \left(3{,}8 - 2\frac{2}{4}\right)$

c) $\frac{4}{2} \cdot \left[6 \cdot (-0{,}6) + \left(\frac{6}{8} - (-4{,}8)\right)\right]$

Ob der gesamte Term eine Summe, eine Differenz, ein Produkt oder ein Quotient ist, erkennst du am letzten Rechenschritt.

**108** Das Grundstück von Leas Eltern hat eine Gesamtfläche von 980 m². Die Grundfläche des Hauses nimmt 12 % ein. Von der restlichen Gartenfläche ist $\frac{1}{3}$ die Terrasse und $\frac{1}{10}$ der Gehweg.

▸ Den folgenden Term hat Tim aufgestellt. Lea fragt sich, was er da berechnet hat. Kannst du ihr helfen?

$\left(\frac{1}{3} + \frac{1}{10}\right) \cdot 0{,}88 \cdot 980\,\text{m}^2$

**109** Für das Sommerfest kocht die Klasse 6a Marmelade ein. Sie haben 20 kg Erdbeeren gepflückt. Zunächst kochen sie die Erdbeeren ein, wobei für die Marmelade 90 % der Erdbeeren genutzt werden können. Hinzugefügt werden 6 kg Gelierzucker.
Die Marmelade füllen sie nun in 150-g-Gläser ab.

a) Ermittle, wie viele Gläser sie befüllen können.

b) Wie hoch sind die Einnahmen, wenn sie jedes Glas für 2,50 € verkaufen?

# Flächeninhalt und Volumen

## Flächeninhalt eines Parallelogramms

Vierecke, bei denen die jeweils gegenüberliegenden Seiten parallel sind, heißen **Parallelogramme**.

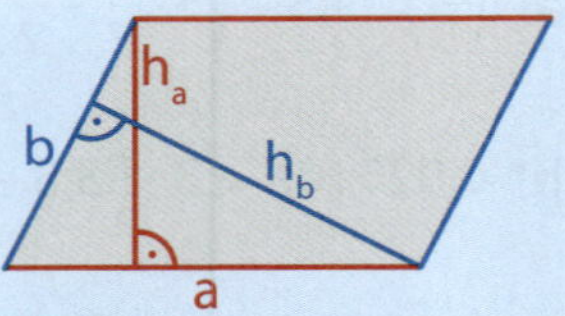


Beim Parallelogramm bezeichnet man den **Abstand** zweier paralleler Seiten als Höhe. Es gibt also in jedem Parallelogramm **zwei Höhen**.

$h_a \perp a$ ($h_a$ steht senkrecht auf a) $h_b \perp b$ ($h_a$ steht senkrecht auf b)

Man kann den Flächeninhalt A eines Parallelogramms bestimmen, indem man das Produkt aus Seitenlänge und zugehöriger Höhe bildet:

**$A = a \cdot h_a$** (oder **$b \cdot h_b$**)

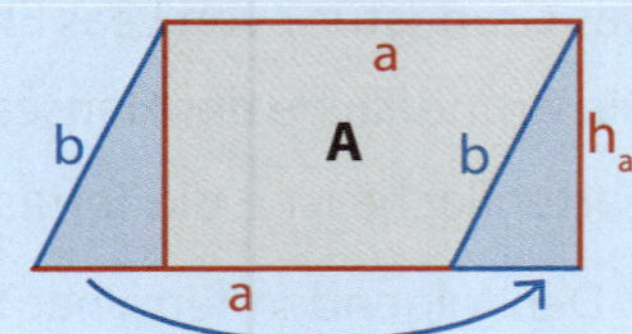


**110** Zeichne die gegebenen Punkte in das Koordinatensystem ein und berechne den Flächeninhalt des Parallelogramms.

A(–3 | 2), B(–3 | –2), C(4 | –1), D(4 | 3)

Die verwendete Höhe sollte parallel zu einer Koordinatenachse verlaufen.

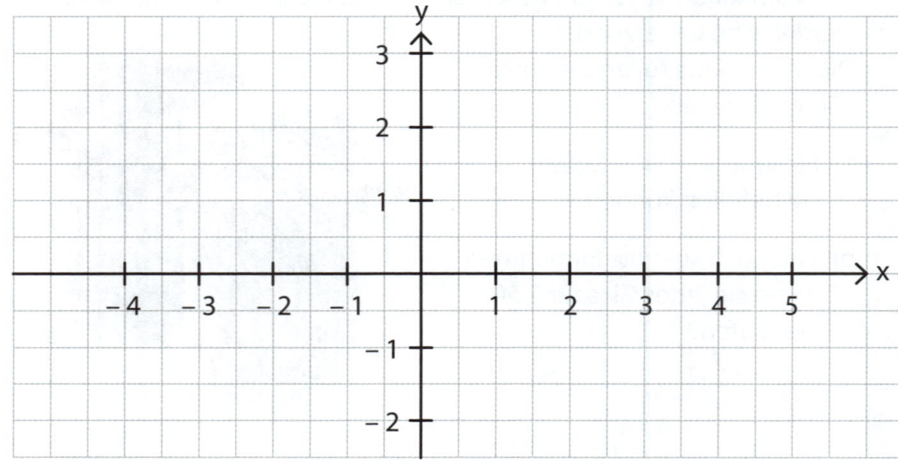

**111** Fülle die Lücken in der Tabelle. Rechne auf deinem Block.
Zur Erinnerung: Der Umfang ist die Summe aller Seiten.

| **Parallelogramm** | A | B | C |
|---|---|---|---|
| Seitenlänge a | 6 cm | 10 cm | 8 cm |
| zugehörige Höhe $h_a$ | 5 cm | | 7,5 cm |
| Seitenlänge b | 7,5 cm | 16 cm | |
| zugehörige Höhe $h_b$ | | | |
| Flächeninhalt $A_P$ | | 80 cm² | |
| Umfang $u_P$ | | | 36 cm |

**112** Begründe, warum die 4 Figuren alle den gleichen Flächeninhalt haben.

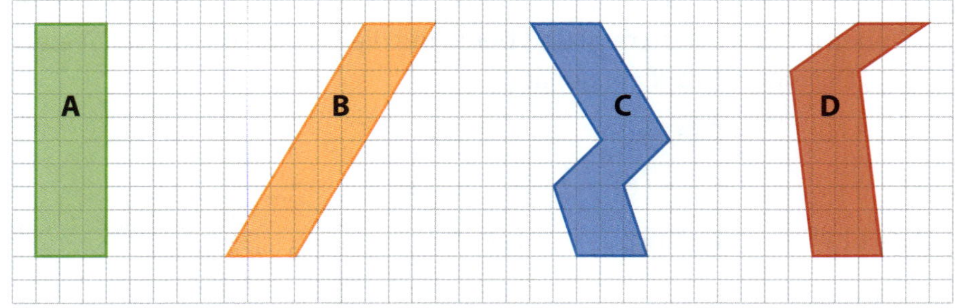


**113** Wie verändert sich der Flächeninhalt eines Parallelogramms, wenn man die Seitenlänge a halbiert und die zugehörige Höhe $h_a$ verdreifacht?

Fertige dir zunächst eine Zeichnung an!

## Flächeninhalt eines Dreiecks

Jedes Parallelogramm kann durch eine **Diagonale** in zwei flächengleiche Dreiecke zerteilt werden.

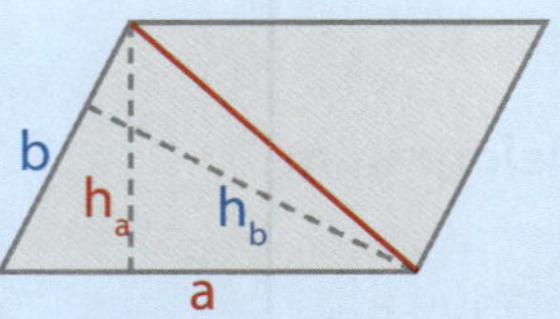


Deshalb gilt für den Flächeninhalt eines solchen Dreiecks:

$A_{Dreieck} = \frac{1}{2} \cdot A_{Parallelogramm}$

Allgemein gilt für jedes **Dreieck ABC**:

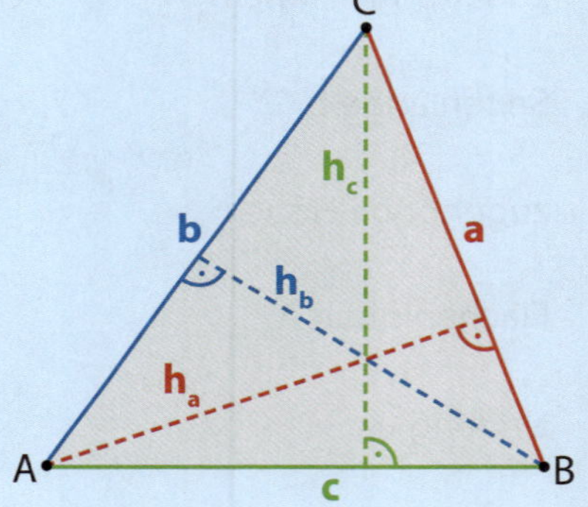


$A_{ABC} = \frac{1}{2} \cdot a \cdot h_a =$

$\frac{1}{2} \cdot b \cdot h_b =$

$\frac{1}{2} \cdot c \cdot h_c =$

**114** Zeichne die folgenden Punkte in ein geeignetes Koordinatensystem ein (Einheit 1 cm = 2 Kästchen) und berechne die Flächeninhalte der Dreiecke ABC, DEF und GHI auf cm genau.

A (–3 | 0), B (–3 |–3), C (3 | 0),

D (–4 | 0), E (–4 | 6) F (–1 | – 1),

G (–1 | 1), H (5 | 1), I (2 | 4)

Achtung:
Beim Dreieck DEF liegt diese verwendete Höhe außerhalb des Dreiecks.

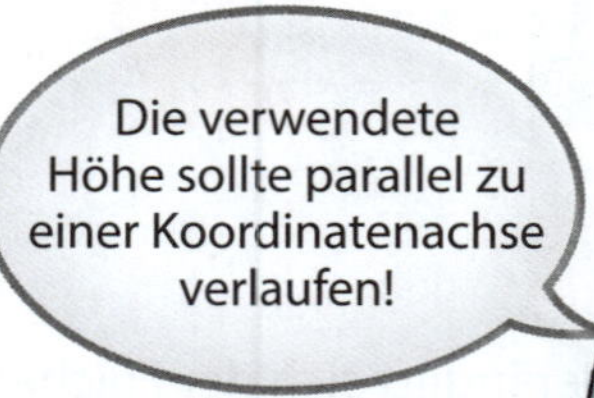


▸ Was fällt hier auf?
Versuche deine Feststellung zu begründen.

**15** Fülle die Lücken in der Tabelle. Rechne auf deinem Block.

| **Dreieck** | A | B | C |
|---|---|---|---|
| Seitenlänge a | 3 m | 12 cm | |
| zugehörige Höhe $h_a$ | | 14 cm | |
| Seitenlänge b | 9 m | | 4 dm |
| zugehörige Höhe $h_b$ | 2,8 m | 8,4 cm | |
| Seitenlänge c | | | 1 m |
| zugehörige Höhe $h_c$ | | 5,6 cm | |
| Flächeninhalt $A_D$ | | | 1,5 m² |
| Umfang $u_D$ | 20 m | | 22 dm |

Verwende der Reihe nach die dir bekannten Formeln für Dreiecke und forme passend um:

$u_D = a + b + c \quad A_D = \frac{1}{2} \cdot a \cdot h_a$

$A_D = \frac{1}{2} \cdot b \cdot h_b \quad A_D = \frac{1}{2} \cdot c \cdot h_c$

**16** Das unten gezeichnete **Parallelogramm** hat einen Flächeninhalt von 12 cm². Bestimme den Flächeninhalt des **Dreiecks** und erkläre den Zusammenhang zwischen dem Flächeninhalt des Parallelogramms und dem Flächeninhalt des Dreiecks.

$A_{Dreieck}$ = ______________________

Erklärung:

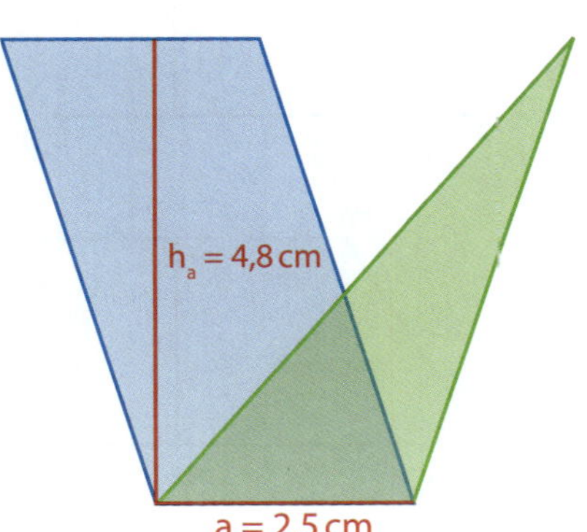

**117** Tim und Lea wollen jeweils einen Drachen für den Herbst basteln. In der Bauanleitung steht, dass die Leisten des Kreuzes e = 100 cm und f = 80 cm lang sein und senkrecht aufeinander stehen müssen. Den Abstand des Kreuzungspunktes zur Spitze S kann man frei wählen. Lea wählt als Abstand vom Kreuzungspunkt zur Spitze S: k = 25 cm. Tim sagt: „Ich nehme lieber k = 10 cm, weil ich dann für den Drachen weniger Papier benötige."

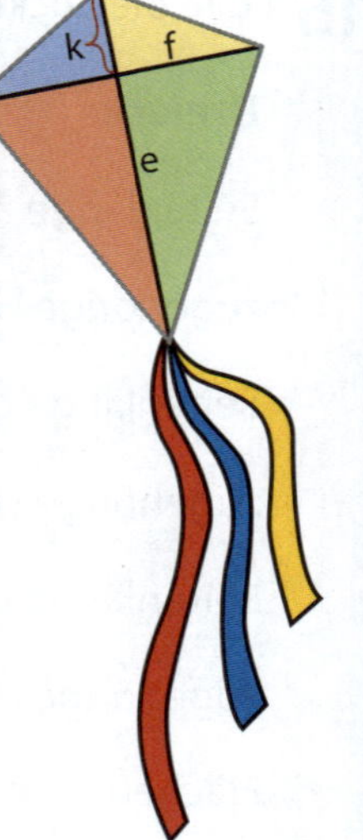


a) Überprüfe, ob Tim mit seiner Aussage Recht hat.

b) Begründe, dass für den Flächeninhalt eines Drachenvierecks gilt: $A = \frac{e \cdot f}{2}$

## Flächeninhalt eines Trapezes

Ein Viereck, bei dem zwei gegenüberliegende Seiten zueinander parallel sind, nennt man **Trapez**. Den Abstand der zueinander parallelen Seiten nennt man **Höhe** des Trapezes. Die beiden nicht parallelen Seiten heißen **Schenkel** des Trapezes.

Legt man zwei flächengleiche Trapeze aneinander, so erhält man ein Parallelogramm, dessen eines Seitenpaar so lang ist wie die Summe aus den beiden parallelen Seiten des Trapezes.

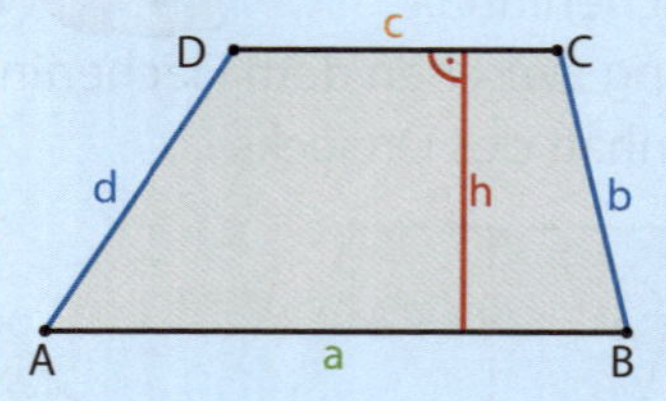


Deshalb gilt für den Flächeninhalt des Trapezes:

$$A_{Trapez} = \frac{1}{2} \cdot A_{Parallelogramm}$$

also: $$\mathbf{A_{Trapez} = \frac{1}{2} \cdot (a + c) \cdot h}$$

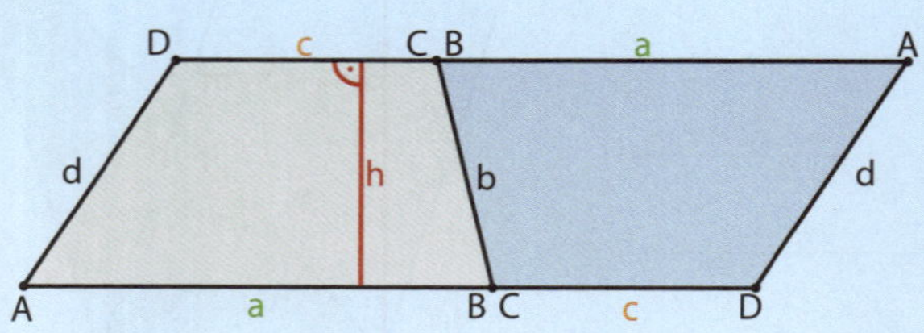

**118** Berechne die Flächeninhalte der drei Trapeze.

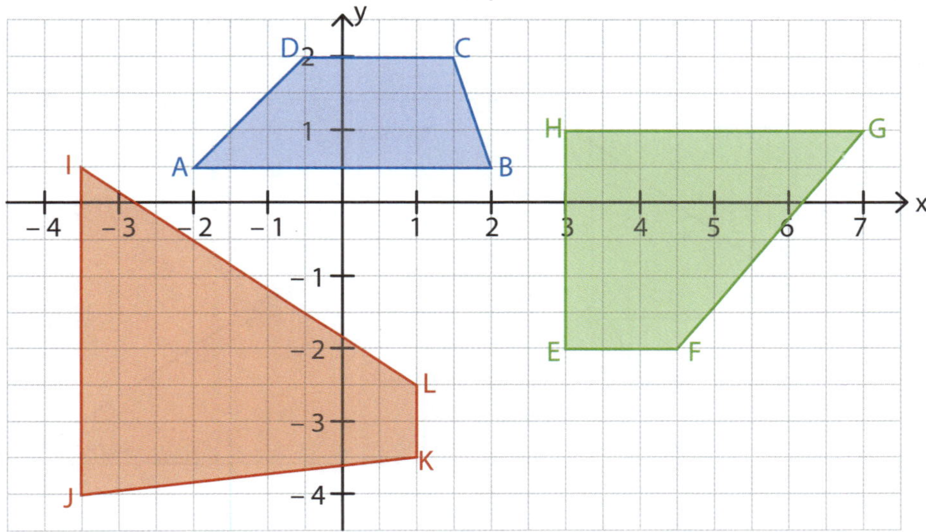


**119** Um den Bau einer Straße zu ermöglichen, muss ein Bauer ein trapezförmiges Feld, dessen parallele Seiten 30 m und 40 m lang sind und einen Abstand von 150 m haben, gegen ein rechteckiges Feld tauschen.

a) Zeichne ein solches trapezförmiges Feld im Maßstab 1 : 2000. Ermittle anschließend den Flächeninhalt des Feldes.

b) Wie viel $m^2$ Verlust macht der Bauer, wenn er im Tausch ein Feld mit einer Länge von 65 m und einem Umfang von 290 m bekommt?

**120** Zeichne zwei weitere gleichschenklige Trapeze mit dem Flächeninhalt 12 $cm^2$ und einer Höhe von 3 cm.

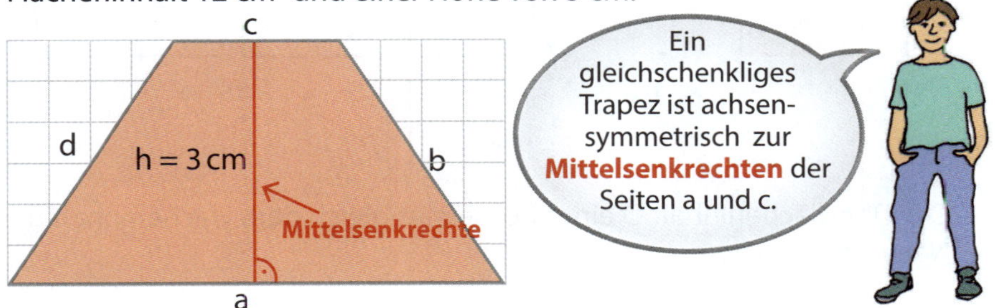

**121** Bestimme den Flächeninhalt der gezeichneten Figur, indem du sie in Dreiecke und Vierecke zerlegst. Tipp: Zeichne dir Hilfslinien ein.

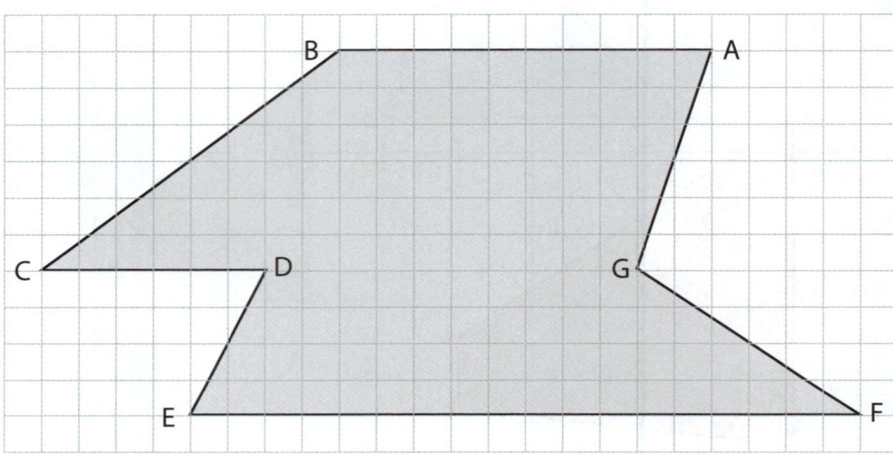


## Oberflächeninhalte

Einen Körper mit zwei zueinander parallelen und deckungsgleichen Vielecken als **Grundfläche** und **Deckfläche** nennt man **Prisma**.

Hier siehst du das Schrägbild und das Netz eines **dreiseitigen Prismas**.

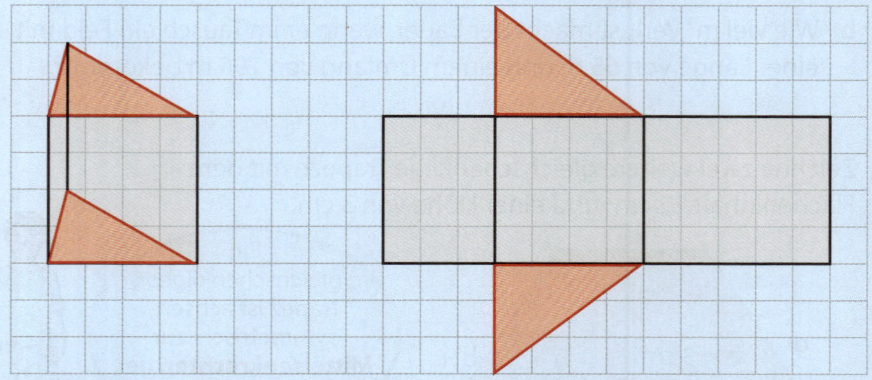

Der Oberflächeninhalt O eines Körpers ist gleich dem Flächeninhalt des Netzes des Körpers.

**122** Berechne den Oberflächeninhalt des Prismas aus dem Merkkasten (S. 52).

**123** Zeichne das Netz zum dargestellten Prisma auf deinen Block und berechne anschließend seinen Oberflächeninhalt. Die Längenangaben stehen für Maße in cm. (Die Maße sind gerundet.)

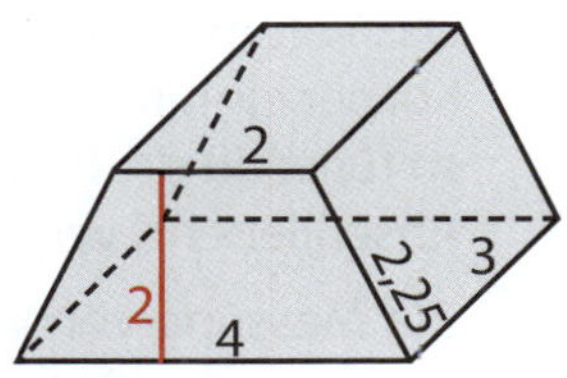


**124** Das hier abgebildete regelmäßige Sechseck mit einer Kantenlänge von jeweils 2 cm ist die Grundfläche eines 6 cm hohen Prismas. Die grünen Hilfslinien sind (gerundet) jeweils 34 mm lang.

▶ Berechne den Oberflächeninhalt des Prismas.

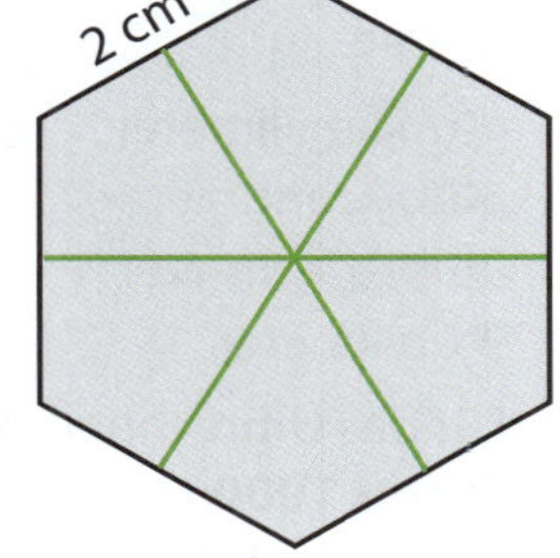


**125** Der Oberflächeninhalt eines Würfels beträgt $8{,}64\,\text{cm}^2$. Bestimme die Kantenlänge des Würfels.

**126** Die Bank *Goldkasse* möchte neue Kunden werben und verschenkt deshalb kleine Goldbarren aus Schokolade. Die Barren werden in goldfarbene Folie eingewickelt, damit sie möglichst echt aussehen.

3,2 cm

(1 Kästchenlänge ≙ 1 cm
1 Kästchen-diagonale ≙ 2 cm)

▶ Berechne, wie viel $\text{m}^2$ Goldfolie man für 100 Barren benötigt, wenn man pro Barren mit 15 % Verschnitt rechnet. Runde das Ergebnis auf 2 Nachkommastellen.

„15 % Verschnitt" bedeutet, dass man **15 % mehr Material** benötigt, als die tatsächliche Oberfläche des Prismas es erfordert.

## Messen von Volumina und Volumeneinheiten

Das Volumen (Rauminhalt) beschreibt die Größe des Raumes, den ein Körper einnimmt. Willst du den Rauminhalt zweier Körper vergleichen, so füllst du die Körper mit Würfeln gleicher Kantenlänge auf. Anschließend vergleichst du die Anzahl der verwendeten Würfel.

Zur Messung von Volumina hat man sogenannte Einheitswürfel mit fester Kantenlänge eingeführt. Der Einheitswürfel Kubikzentimeter ($1 cm^3$) ist zum Beispiel ein Würfel mit der Kantenlänge 1 cm.

| Name | Abkürzung | Kantenlänge |
|---|---|---|
| Kubikmillimeter | $1 mm^3$ | 1 mm |
| Kubikzentimeter | $1 cm^3$ | 1 cm |
| Kubikdezimeter | $1 dm^3$ | 1 dm |
| Kubikmeter | $1 m^3$ | 1 m |

Für das Umrechnen von **Volumeneinheiten** gilt der **Umrechnungsfaktor 1000**:

Tipp: Die **Hochzahl** (Exponent) bei der Einheit gibt die **Anzahl der Nullen** beim Umrechnungsfaktor an.

$1 m^3 = 1000 dm^3 \longleftrightarrow 1 dm^3 = 0{,}001 m^3$

$1 dm^3 = 1000 cm^3 \longleftrightarrow 1 cm^3 = 0{,}001 dm^3$

$1 cm^3 = 1000 mm^3 \longleftrightarrow 1 mm^3 = 0{,}001 cm^3$

Für Flüssigkeiten hat man die Einheit Liter (l) eingeführt. Es gilt die Umrechnung $1 l = 1 dm^3$. Weitere Einheiten sind:
1 Milliliter (ml) = $1 cm^3$ und 1 Hektoliter (hl) = 100 l.

**127** Vergleiche die Würfelgebäude, die aus gleich großen Würfeln aufgebaut sind. Sortiere sie der Größe nach.

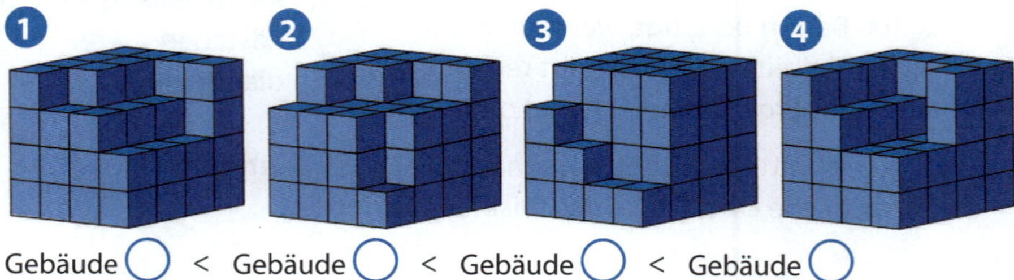


Gebäude ◯ < Gebäude ◯ < Gebäude ◯ < Gebäude ◯

**128** Wandle in die in Klammern gegebene Einheit um.

$345\,cm^3\ (m^3) =$ ____________ $23\,cm^3\ (mm^3) =$ ____________

$25\,l\ (dm^3) =$ ____________ $360\,cm^3\ (l) =$ ____________

$3{,}4\,l\ (ml) =$ ____________ $0{,}58\,l\ (cm^3) =$ ____________

**129** Lea ist sie sich nicht sicher, ob sie alle Hausaufgaben richtig berechnet hat. Kannst du ihre Rechnungen korrigieren? Beschreibe die Fehler, die sie dabei gemacht hat.

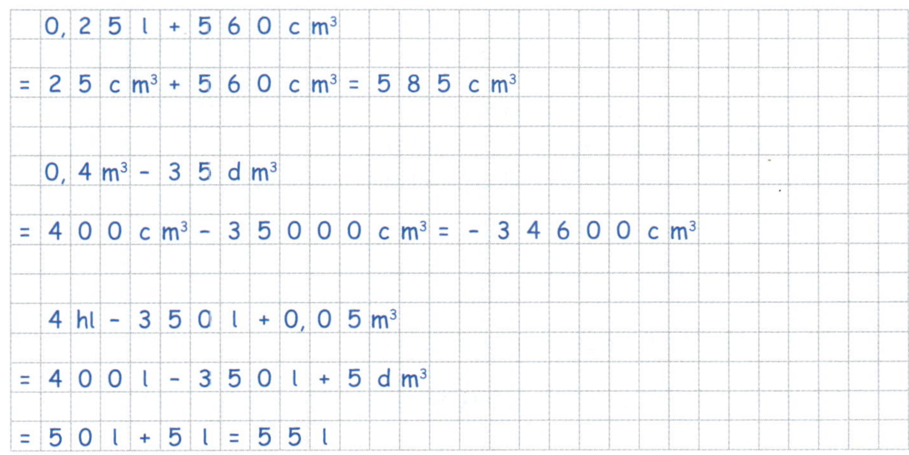


## Volumen: Quader und zusammengesetzte Körper

Das Volumen eines Quaders berechnet sich mit der Formel
$\mathbf{V = l \cdot b \cdot h}$
mit l = Länge; b = Breite; h = Höhe

Das Volumen eines Würfels mit Kantenlänge a berechnet sich somit:
$\mathbf{V = a \cdot a \cdot a = a^3}$

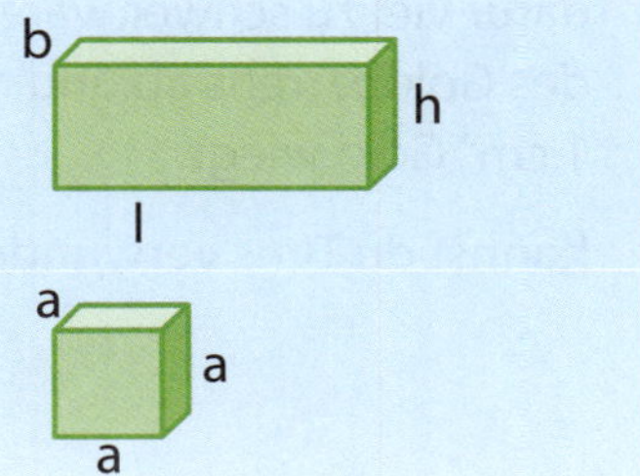

**130** Berechne jeweils das Volumen des Quaders mit den angegebenen Kantenlängen. Benutze deinen Block.

a) 5 cm; 3 cm; 8 cm

b) 32 cm; 4 dm; 0,7 m

c) Würfel mit a = 3 dm

**131** Betrachte den nebenstehenden Quader.

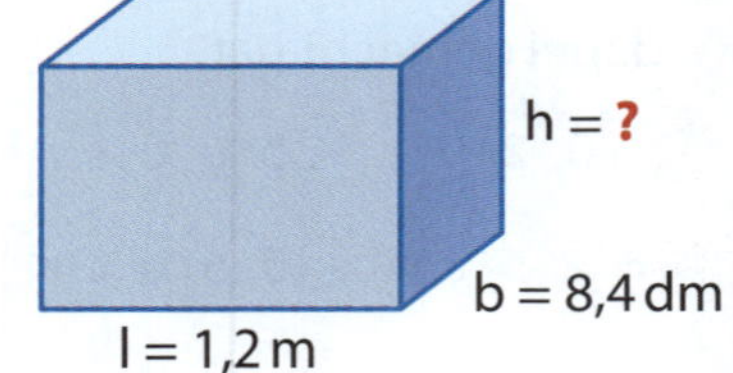


a) Wie hoch ist der Quader, wenn das Volumen 806,4 l beträgt?

b) Tim überlegt, wie man den Oberflächeninhalt des Quaders bestimmen könnte. Kannst du Tim helfen? Gib das Ergebnis in $dm^2$ an.

**132** Von einem Quader ist das Volumen $V = 5400\,cm^3$ bekannt.

a) Gib die Maße für zwei mögliche Quader an.

b) Welcher deiner Quader hat den größeren Oberflächeninhalt?

**133** Tim wundert sich über einen Piraten in einem Film, der einen Goldbarren etwa so groß wie Tims Turnschuh locker von einer Hand in die andere wirft. Tim meint, dass ein echter Goldbarren dafür viel zu schwer wäre. Schätze das Volumen des Goldbarrens ab und recherchiere, wie viel $1\,cm^3$ Gold wiegt.

Kannst du Tims Verwunderung bestätigen?

**134** Leas Eltern besitzen einen Whirlpool mit 6,25 $m^2$ Grundfläche. Wenn er voll ist, fasst er 5400 l. Wie hoch steht das Wasser im Whirlpool, wenn 4375 l Wasser eingefüllt wurden?

**135** Nicht immer kann man einen Rauminhalt durch Auffüllen von Einheitswürfeln bestimmen.
Lea möchte dennoch wissen, welches Volumen ihr Amethyst besitzt.

Sie legt den Amethyst in ein Gefäß mit Wasser. Dadurch steigt der Wasserspiegel an, denn der Amethyst verdrängt exakt das Volumen an Wasser, das er selbst besitzt.
Die Messdaten ergeben bei einem quaderförmigen Gefäß mit einer Grundfläche von 120 $cm^2$ einen Wasseranstieg um 12 cm nach Eintauchen des Amethysts.

- Ermittle daraus das Volumen des Amethysts.

**136** Ein Hausbesitzer lässt für den Bau eines Hauses eine Grube mit 4 m Tiefe, 6 m Breite und 10 m Länge ausheben. Bis zu einer Tiefe von 15 cm ist die Erde nährstoffreich. Deshalb wird dieser Teil der ausgehobenen Erde auf einer Seite des Grundstücks aufgeschüttet, um ihn später für den Garten nutzen zu können. Das tiefer ausgehobene „übrige“ Erdreich wird mit Lastwagen abtransportiert.

a) Wie viele $m^3$ nährstoffreicher Erde werden ausgehoben?

b) Wie viele Lastwagenladungen sind notwendig, um das „übrige“ Erdreich abzutransportieren, wenn **eine** Wagenladung 33 $m^3$ fasst?

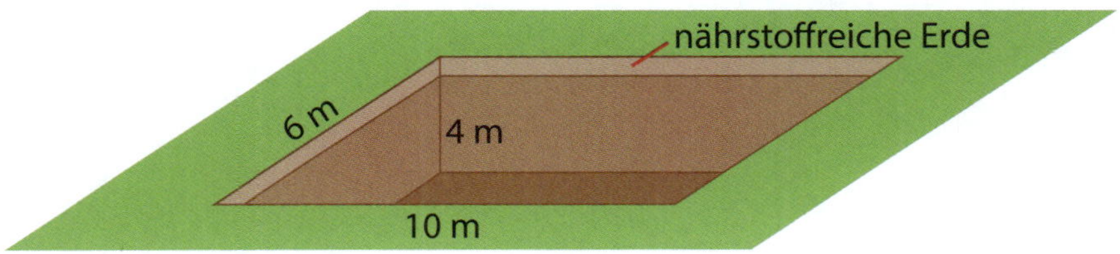

**137** Die Baustofffirma Vielfalt produziert verschiedene Pflastersteine aus Beton. Hier sind zwei davon abgebildet.

▶ Wie groß ist der stündliche Bedarf der Baustofffirma Vielfalt an Beton in $m^3$ für jede Pflastersteinart, wenn sie von jedem dieser beiden Pflastersteine in der Stunde jeweils 100 Stück produzieren? Beschreibe dabei deine Lösungsstrategie.

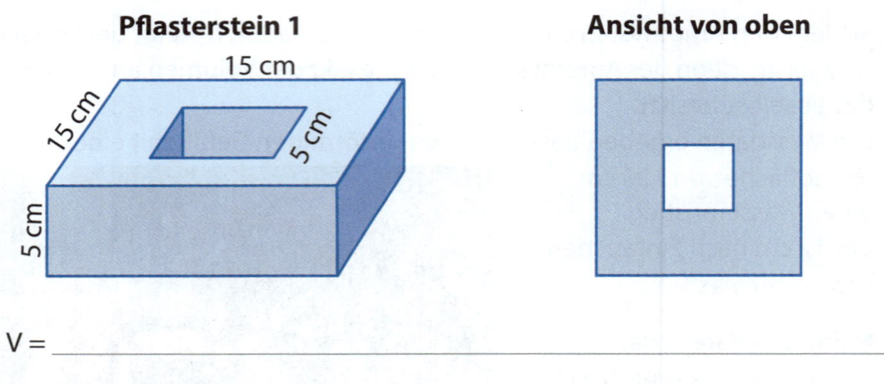


V = ______________________________

______________________________

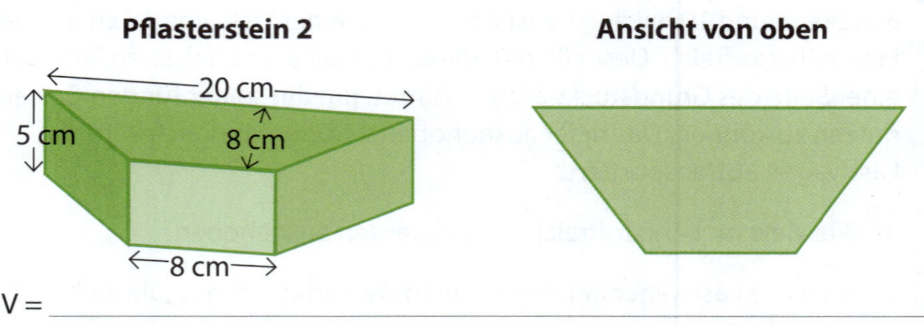


V = ______________________________

______________________________

**138** Lea, Tim und ihre Eltern wollen einen neuen Gehweg zum Haus pflastern. Zur Auswahl der Pflastersteine sind sie zur Firma Vielfalt gefahren.

Sie haben sich für den folgenden Pflasterstein entschieden.

**Pflasterstein**

18 cm, 9 cm, 5 cm, 5 cm

**Ansicht von oben**

3,5 cm, 3,5 cm, 7 cm, 5 cm, 9 cm, 2 cm, 18 cm

a) Berechne das Volumen. Zerlege dazu den Pflasterstein so, dass ein oder mehrere Quader entstehen.

b) Bestimme die Masse eines Pflastersteins, wenn 1 $cm^3$ ausgehärteter Beton 2,8 g wiegt.

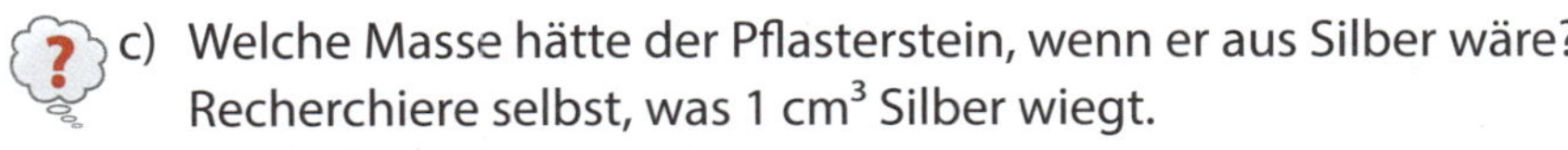

c) Welche Masse hätte der Pflasterstein, wenn er aus Silber wäre? Recherchiere selbst, was 1 $cm^3$ Silber wiegt.

**139** a) Bestimme das Volumen dieses Pflastersteins mit der Ergänzungsmethode.

b) Wie viel wiegt ein Rasengitterstein aus Beton, der aus 6 dieser offenen Pflastersteine besteht? (Beton: 1 cm³ = 2,8 g)
Runde das Ergebnis auf volle kg.

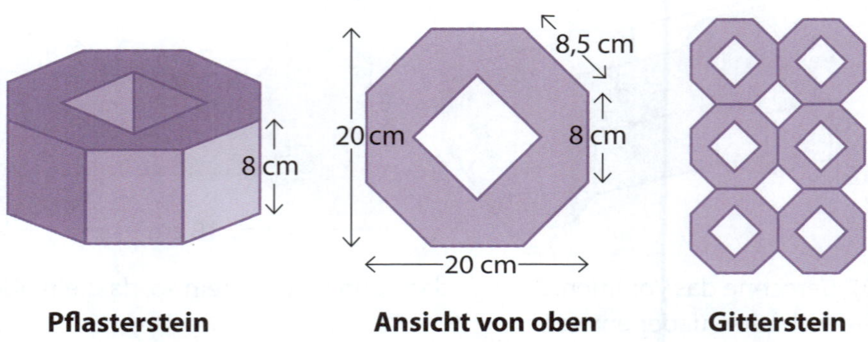


**140** Im Angebot der Firma Vielfalt sind auch die folgenden Steine.

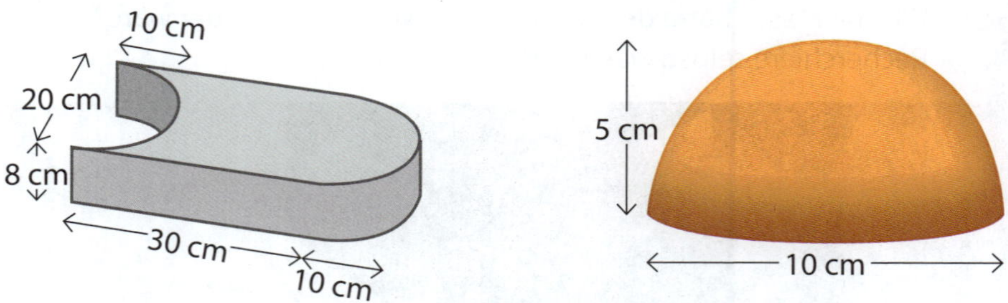


a) Bestimme das Volumen des grauen Pflastersteins.

b) Als Begrenzungssteine bietet die Firma Vielfalt Halbkugeln aus Terrakotta an. Schätze das Volumen einer solchen Halbkugel grob ab.

c) Wie kannst du dein Ergebnis experimentell überprüfen und ein genaues Volumen bestimmen?

# Daten und Zufallsexperimente

## Zufallsexperimente

Vorgänge, die man unter gleichen Bedingungen beliebig oft wiederholen kann und deren Ergebnisse man nicht vorhersagen kann, nennt man **Zufallsexperimente**. Bei einem Zufallsexperiment tritt immer genau ein Ergebnis von mehreren möglichen Ergebnissen ein.

**141** Kreuze in der Tabelle an, bei welchem Vorgang es sich um ein Zufallsexperiment handelt:

| **Vorgang** | Zufalls-experiment | kein Zufalls-experiment |
|---|---|---|
| Im Internet nachschauen, wann der Beginn der Sommerferien ist | | |
| Werfen einer Münze und ablesen, was zu sehen ist | | |
| Ablesen deiner Schuhgröße | | |
| Ziehen der Lottozahlen | | |
| Ziehen eines Loses | | |
| Schauen, welche Farbe das nächste Auto hat, das an der Ampel halten muss | | |
| Berechnung deiner Mathenote im nächsten Zeugnis | | |

**142** Ein Würfel wird geworfen und die oben liegende Augenzahl notiert. Erkläre, warum es sich hier um ein Zufallsexperiment handelt, und gib an, welche Ergebnisse möglich sind.

# Absolute und relative Häufigkeit

Die **absolute Häufigkeit** eines Ergebnisses gibt an, wie oft **ein bestimmtes Ergebnis** eines Zufallsexperiments eingetreten ist.

Die **relative Häufigkeit** eines Ergebnisses gibt an, wie groß der **Anteil** der absoluten Häufigkeit dieses Ergebnisses an der Gesamtzahl der Durchführungen des Zufallsexperiments ist.

kurz: **relative Häufigkeit** $= \dfrac{\textbf{absolute Häufigkeit}}{\text{Gesamtzahl der Durchführungen}}$

Die relative Häufigkeit gibt man oft auch in Prozent an.
Die absoluten und relativen Häufigkeiten eines Zufallsexperiments können in einer Tabelle oder mit Hilfe von Diagrammen dargestellt werden.

**143** Ein Würfel wird 50-mal geworfen und die Augenzahl notiert:

a) Ergänze die Tabelle.

| **Augenzahl** | **1** | **2** | **3** | **4** | **5** | **6** |
|---|---|---|---|---|---|---|
| absolute Häufigkeit | **8** | | | | | |
| relative Häufigkeit (Bruch) | | | | | | $\frac{1}{5}$ |
| relative Häufigkeit (Prozent) | | | | **16 %** | | |

b) Ergänze das Balkendiagramm.

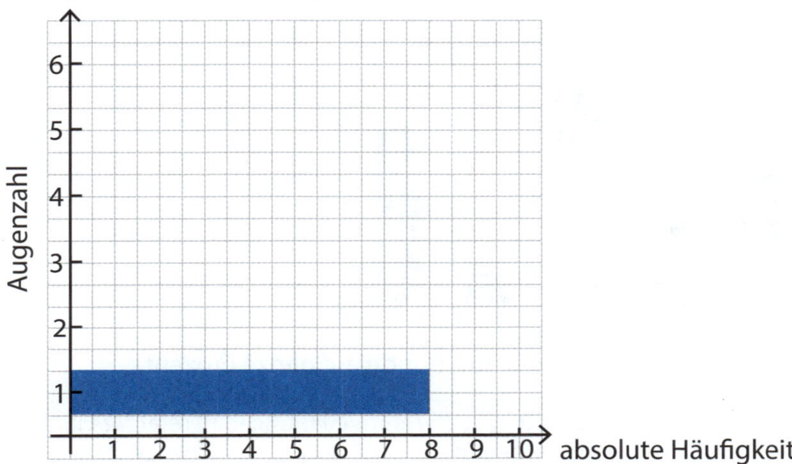


**144** Bei einer Umfrage werden die Teilnehmerinnen und Teilnehmer befragt, welchen Ausdauersport sie am liebsten in ihrer Freizeit betreiben. Die Antworten der 75 Personen sind folgendermaßen verteilt:

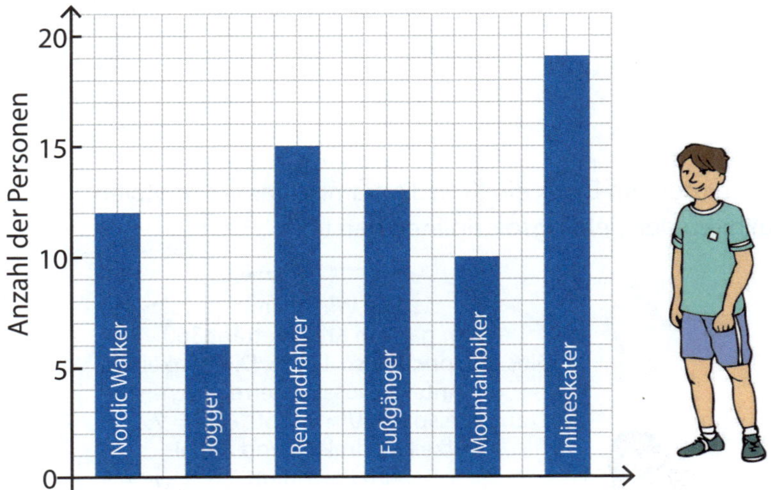


a) Bestimme jeweils die relative Häufigkeit der Jogger und Nordic Walker in Prozent.

b) Berechne den Bruchteil aller Teilnehmer, der gerne Fahrrad fährt.

**145** Bei den Bundesjugendspielen sind die Teilnehmerinnen und Teilnehmer einer 6. Klasse nach ihrer Lieblingsdisziplin gefragt worden:

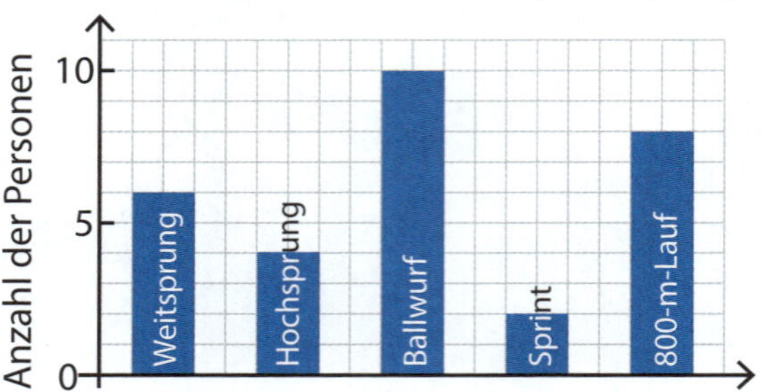


a) Fülle die Tabelle vollständig aus. Runde auf ganze Prozent.

| **Disziplin** | absolute Häufigkeit | relative Häufigkeit (Bruch) | relative Häufigkeit (Prozent) |
|---|---|---|---|
| **Weitsprung** | | | |
| **Hochsprung** | | | |
| **Ballwurf** | | | |
| **Sprint** | | | |
| **800-m-Lauf** | | | |

b) Erstelle auf deinem Block ein Kreisdiagramm, das die relativen Häufigkeiten der Lieblingsdisziplinen darstellt.

**146** Bei einer Umfrage zum Lieblingsfach von Schüler(innen) ergab sich folgende Verteilung:

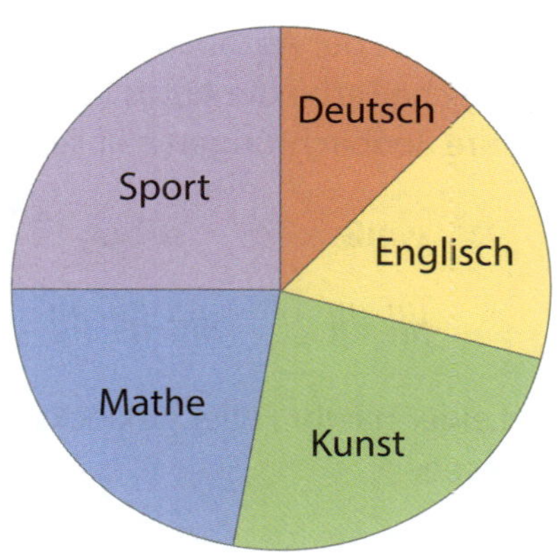


a) Wie viele Schüler wurden insgesamt befragt? Nutze zur Beantwortung das Diagramm und die Tabelle.

b) Wie viele der Befragten haben Mathe als Lieblingsfach angegeben?

c) Fülle die Tabelle mit Hilfe des Diagramms vollständig aus.

| **Lieblingsfach** | **Deutsch** | **Englisch** | **Kunst** | **Mathe** | **Sport** |
|---|---|---|---|---|---|
| Größe des Winkels | | | | | |
| absolute Häufigkeit | | | | | 36 |
| relative Häufigkeit als Bruch | | | | | |

**147** Tim hat seine Mitschüler(innen) nach ihrer Lieblingsfarbe befragt und die relativen Häufigkeiten seiner Ergebnisse in einer Tabelle festgehalten. Lea meint: „Hier stimmt etwas nicht!"

| **rot** | **blau** | **gelb** | **grün** | **lila** | **schwarz** |
|---|---|---|---|---|---|
| 33 % | 0,19 | $\frac{1}{4}$ | 13 % | 0,12 | $\frac{2}{25}$ |

▶ Finde heraus, ob Lea Recht hat und begründe deine Antwort.

**148** Stau auf der Autobahn! Lea schaut aus dem Fenster und beobachtet, welche Farbe die Autos haben, die im Schneckentempo vorbeifahren. Ihre Beobachtungen hält sie in einer Strichliste fest:

| weiß | silber | rot | blau | schwarz |
|---|---|---|---|---|
| 𝍸 𝍷𝍷𝍷𝍷 | 𝍸 𝍸 𝍷𝍷𝍷𝍷 | | 𝍸 𝍷𝍷𝍷 | 𝍸 𝍸 𝍸 |

Leider hat ihr Füller gekleckst. Nun kann man das Ergebnis nicht mehr lesen.

Hilf Lea, die folgende Tabelle vollständig auszufüllen.

| Farbe | weiß | silber | rot | blau | schwarz |
|---|---|---|---|---|---|
| absolute Häufigkeit | | | | | |
| relative Häufigkeit | | | | | 0,3 |

# Das Gesetz der großen Zahlen

Wird ein Zufallsexperiment sehr oft ausgeführt, dann stabilisieren sich für jedes Ergebnis die relativen Häufigkeiten; sie pendeln sich um einen bestimmten Wert ein.

Dieser Wert liegt sehr nahe bei der tatsächlichen Wahrscheinlichkeit dieses Ergebnisses.

**149** Lea und Tim haben jeweils 300-mal gewürfelt und die oben liegende Augenzahl notiert. Ihre Ergebnisse haben sie in Diagrammen dargestellt.

Leas Kreisdiagramm

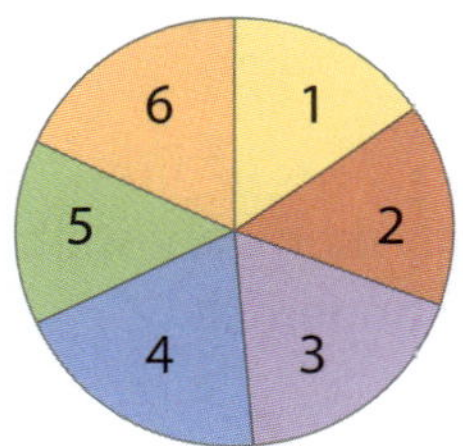


Tims Balkendiagramm

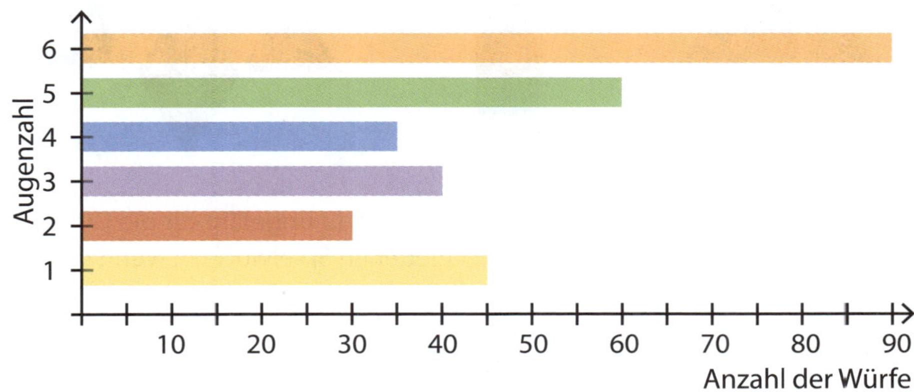

Wie kommt Lea zu dieser Aussage? Begründe deine Antwort.

**150** Eine Münze wird ganz oft geworfen. In der folgenden Tabelle wird angezeigt, wie oft *Kopf* nach einer bestimmten Anzahl von Würfen gefallen ist.

a) Berechne jeweils die relative Häufigkeit. Was fällt dir auf?

| Gesamtanzahl der Würfe | 10 | 100 | 1000 | 10 000 | 100 000 | 1 000 000 | 10 000 000 | 100 000 000 |
|---|---|---|---|---|---|---|---|---|
| absolute Häufigkeit | 3 | 56 | 486 | 5039 | 49 384 | 500 031 | 4 999 992 | 50 000 003 |
| relative Häufigkeit | | | | | | | | |

b) Welche relative Häufigkeit würdest du bei noch mehr Würfen erwarten?

**151** Lea hat verschiedene Spielwürfel mit 4, 6 und 8 Seitenflächen gebastelt. Ihre Netze hat sie vorher auf Karton aufgezeichnet und angemalt.

a) Welche relativen Häufigkeiten erwartest du ungefähr für die Farben Rot, Blau und Gelb bei den verschiedenen Spielwürfeln, wenn du sehr oft würfelst? Gib das Ergebnis als Bruch an.

b) Tim schlägt Lea ein Spiel vor: Jeder darf sich einen Würfel aussuchen und muss dann so lange würfeln, bis der Würfel das erste Mal die Farbe Rot anzeigt. Wer mehr Würfe benötigt, hat verloren und muss den Tisch fürs Abendessen decken.
Welchen Würfel sollte sich Lea aussuchen? Begründe deine Auswahl.

c) Lea schlägt Tim ein anderes Spiel vor: Es wird nacheinander mit dem selben Würfel gewürfelt. Wer die Farbe Blau würfelt, scheidet aus und muss den Tisch später abräumen.
Bestimme für jeden Würfel jeweils die Chance, bei einem Wurf nicht den Tisch abräumen zu müssen. Runde auf ganze Prozent.

d) Bei 1000 Würfen mit einem der drei Würfel hat sich folgendes Ergebnis ergeben:

| Augenfarbe | Rot | Blau | Gelb |
|---|---|---|---|
| absolute Häufigkeit | 238 | 516 | 246 |

Welcher Würfel wurde vermutlich verwendet?
Begründe deine Antwort.

**152** Hier siehst du das Netz für einen 10-seitigen Würfel. Male die Flächen so an, dass der Würfel am besten zur Tabelle passt.

| 500 Würfe | | | |
|---|---|---|---|
| **Augenfarbe** | **Rot** | **Blau** | **Gelb** |
| absolute Häufigkeit | 237 | 89 | 174 |

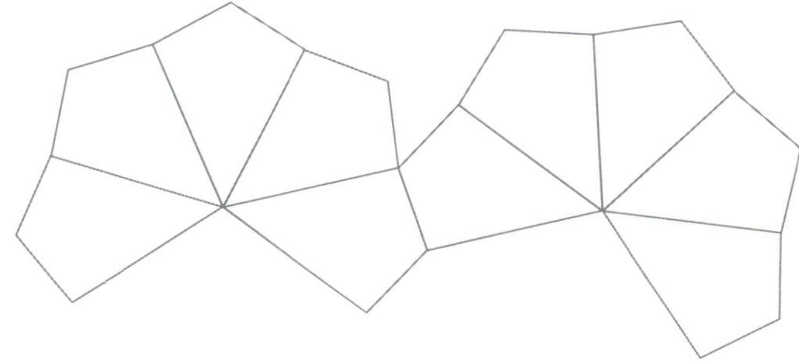

# Prozentrechnung und Diagramme

## Die Grundgleichung der Prozentrechnung

Grundbegriffe der Prozentrechnung:

**Prozentsatz (PS)**: Anteil von einem Ganzen in Prozent (%)

**Grundwert (GW)**: entspricht dem Ganzen

**Prozentwert (PW)**: Bruchteil vom Ganzen
(hat die gleiche Einheit wie das Ganze)

Berechnung: **Prozentsatz · Grundwert = Prozentwert**

| 40 % | von | 20 € | sind | 8 € |
|---|---|---|---|---|
| Anteil | | Ganzes | | Bruchteil |
| ↑ | | ↑ | | ↑ |
| Prozentsatz (PS) | · | Grundwert (GW) | = | Prozentwert (PW) |

Rechne so:

$40\,\% = \frac{40}{100} = 0{,}4 \Rightarrow 0{,}4 \cdot \mathbf{20\,€ = 8\,€}$

Mit den Umkehraufgaben kannst du entsprechend auch den Grundwert und den Prozentsatz berechnen:

**Prozentwert : Prozentsatz = Grundwert** ⇒ 8 € : 0,4 = 20 €

**Prozentwert : Grundwert = Prozentsatz** ⇒ 8 € : 20 € = 0,4

**153** Gib jeweils den Grundwert, den Prozentwert und den Prozentsatz an.

a) In Leas Klasse sind 25 Kinder. 12 davon sind Mädchen. Das sind 48 %.

b) Tim hat sich im Ausverkauf eine um 20 % reduzierte Jacke für 68 € gekauft. Der Originalpreis beträgt 85 €.

c) Tim wurde von $56{,}\overline{6}$ % seiner Klassenkameraden zum Klassensprecher gewählt. Damit erhielt er 17 von 30 Stimmen.

d) Lea teilt eine Tüte Gummibärchen mit 80 Stück mit ihren besten Freundinnen. Sie behält 20 Stück, also 25 % für sich.

**154** Berechne jeweils die in Klammern angegebene Größe.

a) 25 % entsprechen 400 l (GW)

b) 36 % von 250 ml (PW)

c) 28 € von 112 € (PS)

**155** Lea isst $\frac{3}{5}$ des abgebildeten Schokoladeneises.

▶ Wie viel Gramm Kakao hat sie demnach verspeist?

**156** Gib jeweils an, welche Größe gesucht ist, und rechne sie aus.

a) Tim hat 15 kg Erdbeermarmelade aus Erdbeeren und Gelierzucker gekocht, die nun einen Fruchtgehalt von 60 % hat. Wie viel kg Erdbeeren (Früchte) enthält sie?

b) Leas Tanzgruppe hatte letztes Jahr 20 Mitglieder. Dieses Jahr sind es 10 % mehr. Wie viele Mitglieder sind dazugekommen?

c) Tim kauft sich im Schlussverkauf eine Hose für 48 € statt 60 €. Um wie viel Prozent wurde sie reduziert?

d) In Deutschland sind 7 % Mehrwertsteuer auf Lebensmittel zu bezahlen. Sie kommt also zu dem sogenannten Nettoverkaufspreis (= 100 %) dazu. Leas Mutter hat 2 kg Rinderfilet gekauft. Wie hoch ist der Nettoverkaufspreis für ein Kilo, wenn Leas Mutter insgesamt 2,80 € Mehrwertsteuer bezahlt hat?

# Anwendung der Prozentrechnung

Prozentangaben können in verschiedenen Diagrammen dargestellt werden: Säulendiagramm, Balkendiagramm, Kreisdiagramm oder Prozentstreifen.

Beispiele für Kreis- und Balkendiagramm findest du bei Aufgabe 149, ein Säulendiagramm bei Aufgabe 144.
**Prozentstreifen** zum Lieblingsfach (siehe Aufgabe146):

| Deutsch | Englisch | Kunst | Mathe | Sport |
|---|---|---|---|---|

**157** a) Berechne jeweils den gesuchten Wert in der Abbildung.

b) Denke dir selbst jeweils eine passende Sachaufgabe zu den Balken aus.

c) Betrachte zu den Teilaufgaben die Veranschaulichung durch die Balken. Passen diese zu den Angaben? Begründe deine Antwort und beschreibe, wie du die Balken abändern würdest, wenn nötig.

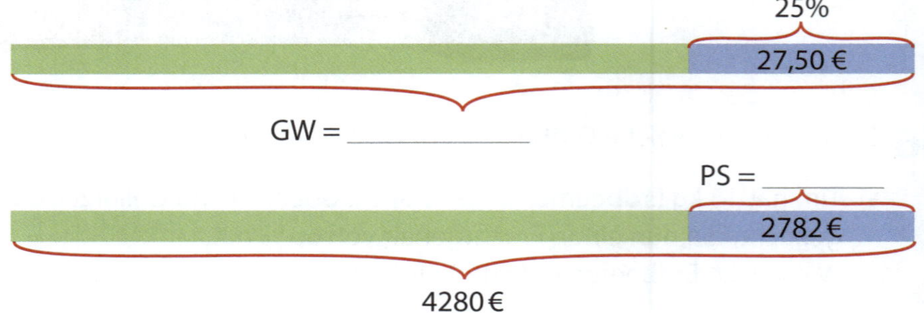


**158** Tims Deutschlehrerin möchte die Noten der letzten Deutschschulaufgabe anschaulich gestalten. Die Tabelle zeigt die Noten der Schulaufgabe.

| **Note** | **1** | **2** | **3** | **4** | **5** | **6** |
|---|---|---|---|---|---|---|
| Anzahl | 4 | 5 | 12 | 6 | 2 | 1 |
| Anteil in % | | | | | | |

a) Berechne jeweils die Anteile in Prozent und trage sie in die Tabelle ein. Runde dabei auf ganze Prozent.

b) Beschreibe, in welcher Situation welches Diagramm passend ist. Gehe dabei auf Kreisdiagramm, Säulendiagramm und Prozentstreifen ein.

c) Erstelle einen Prozentstreifen, um die Notenverteilung zu veranschaulichen.

**159** Das Diagramm zeigt die Benutzung der Verkehrsmittel auf dem Schulweg von Leas Klasse.

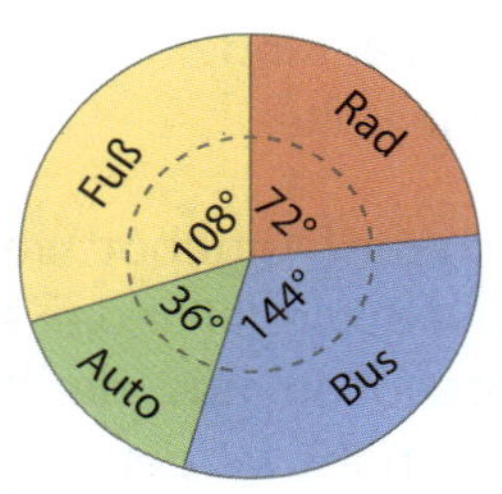


a) Nutze das Kreisdiagramm, um folgende Tabelle auszufüllen:

| **Verkehrsmittel** | **Bus** | **zu Fuß** | **Auto** | **Rad** |
|---|---|---|---|---|
| Anteil in % | | | | |

b) Warum kannst du nicht angeben, wie viele Schüler welches Verkehrsmittel nutzen?

**160** Betrachte die folgenden Diagramme. Sie beschreiben beide den Anstieg der Einbruchszahlen in Leas Heimatstadt. Welches Diagramm würde die Polizei für eine Pressemitteilung und welches würde eine Firma, die Überwachungskameras verkauft, für eine Werbeanzeige verwenden? Begründe deine Entscheidung.

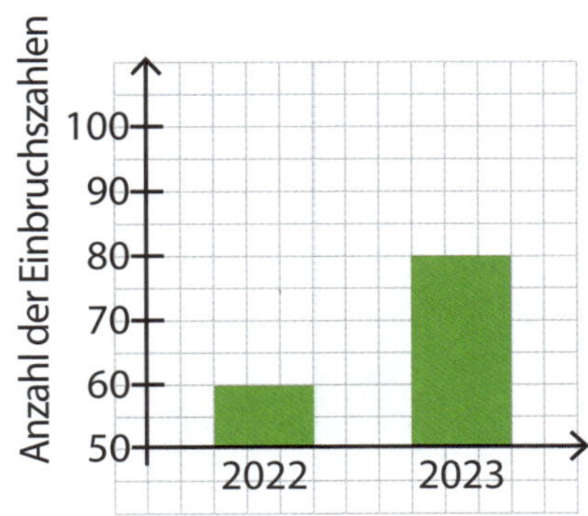


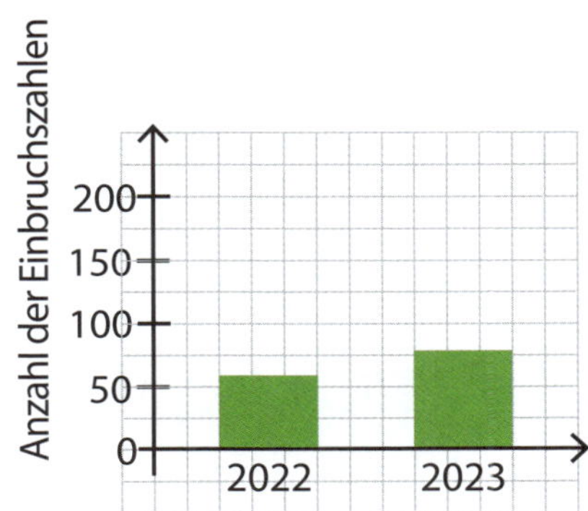

**161** Lies die folgenden Aussagen. Sind sie richtig oder falsch? Kreuze an.
Überlege dir eine Begründung für deine Entscheidung.

| | wahr | falsch |
|---|---|---|
| a) 40 % der Jungen und 35 % der Mädchen, also 75 % aller Kinder in Musterhausen haben eine Brille. | | |
| b) Während einer Angebotswoche wurde eine Hose um 20 % reduziert. Für den Ausgangspreis vor der Angebotswoche muss der Preis für die Hose nun wieder um 25 % erhöht werden. | | |
| c) Spare 50 %! – Kaufe zwei Artikel und du bekommst den zweiten zum halben Preis. | | |
| d) Der monatliche Mitgliedsbeitrag für Leas Tanzgruppe wurde von 7 € auf 10 € angehoben. Tim sagt dazu: „Das ist ja eine Erhöhung um mehr als 30 %!“ | | |

# Stichwortregister

Hier siehst du Stichwörter, zu denen du passende Aufgaben findest. **Fett gedruckte Aufgabennummern** (z. B. **vor 143**) geben dir einen Hinweis, wo Merkkästen zu Begriffen stehen.